陆建华◇著

U0148355

文典古籍丛书

先秦儒家的人性世界

安徽师范大学出版社
ANHUI NORMAL UNIVERSITY PRESS

·芜湖·

图书在版编目（CIP）数据

先秦儒家的人性世界 / 陆建华著. — 芜湖：安徽师范大学出版社，2023.9（2024.5重印）

ISBN 978-7-5676-6109-7

Ⅰ.①先… Ⅱ.①陆… Ⅲ.①儒家 – 人性论 – 研究 – 先秦时代 Ⅳ.①B222.05

中国国家版本馆 CIP 数据核字（2023）第 084768 号

先秦儒家的人性世界

陆建华◎著

XIANQIN RUJIA DE RENXING SHIJIE

责任编辑：陈贻云　　　　　　责任校对：戴兆国

装帧设计：王晴晴　冯君君　　责任印制：桑国磊

出版发行：安徽师范大学出版社

　　　　　芜湖市北京中路2号安徽师范大学赭山校区

网　　　址：http://www.ahnupress.com/

发 行 部：0553-3883578　5910327　5910310（传真）

印　　　刷：江苏凤凰数码印务有限公司

版　　　次：2023年9月第1版

印　　　次：2024年5月第2次印刷

规　　　格：880 mm × 1230 mm　　1/32

印　　　张：8.25

字　　　数：161千字

书　　　号：ISBN 978-7-5676-6109-7

定　　　价：49.00元

凡发现图书有质量问题，请与我社联系（联系电话：0553-5910315）

目　录

引论

　　先秦儒家的人性学说是学术研究的持续的热点。多年来，学术界诸多学者对于其都有专门的研究，研究成果也十分丰富。就研究的内容来说，涉及先秦儒家人性学说之源头、先秦儒家人性学说的逻辑发展，以及孔子、孔孟之间的儒家、孟子、荀子等的人性学说；就研究的核心来说，大多集中于先秦儒家人物关于人性善恶的讨论。

　　关于先秦儒家人性学说之源头，一般认为先秦儒家的人性学说的源头在西周初年，《尚书》《诗经》关于人性的零星论述开启了先秦儒家人性学说之源，《诗经·大雅·卷阿》中的"俾尔弥尔性，似先公酋矣""俾尔弥尔性，百神尔主矣""俾尔弥尔性，纯嘏尔常矣"和《尚书·召诰》中的"节性，惟日其迈"通常分别被看作开启先秦儒家性善论与性恶论的"前奏"。关于先秦儒家人性学说的逻辑发展，一般认为孔子的"性相近也，习相远也"（《论语·阳货》）是发端，正式开启了先秦儒家人性世

一

界，其后，孔孟之间的儒家学者人性学说具有性善与性恶两种趋向，孟子和荀子则分别成为性善论与性恶论的代表。关于孔子的人性论，一般多是从"性""习"相对的角度加以研究，强调孔子人性学说的先天性。关于孔孟之间儒家人物的人性学说，一般多是以郭店楚简中的《性自命出》与上海博物馆藏战国楚竹书中的《性情论》为主要依据加以研究，有的还以《论衡·本性》中所载有关宓子贱、漆雕开、世硕、公孙尼子人性论的文字为依据，研究孔孟之间儒家人物关于人性的善恶问题的讨论。关于孟子的人性学说，一般认为孟子主张人性善，将人性之内容理解为仁义礼智等儒家之德，也有学者认为孟子所谓人性善是指人性有"善端"。关于荀子的人性学说，一般认为荀子主张人性恶，将人性的内容理解为情与欲，意在为礼治提供人性依据，也有学者在荀子性恶论的基础上提出荀子的"心善"说。此外，越来越多的学者将告子视作儒家人物，将告子人性学说列入先秦儒家人性学说的研究范围。学者们研究告子人性学说，大多将之与孟子人性学说相比较，从告子与孟子论辩的维度研究之。

近些年来，先秦儒家人性学说的研究，又出现新的倾向，那就是关于荀子"性朴论"的讨论。国内学者刘念亲在1923年1月18日的《晨报副刊》上发表论文《荀子人性的见解》，最早提出荀子是"性朴论"者；日本学者儿玉六郎在1974年《日本中国学会报》第26辑发表论文《荀子性朴说的提出——从有关性伪之分的探讨开始》，也提出此观点。不过，也许是刘念亲、儿玉六郎的论文一般学者难以看到的缘故，他们的观点长期以来没有引起学术界的重视。以周炽成先生为代表的部分学者"发现"并信从、阐发刘念亲和儿玉六郎的观点，认为荀子是"性朴论"者，而不是"性恶论"者，从而引发学术界对于荀子人性论的重新关注、审视以及持久而热烈的学术讨论。周炽成先生后来又从荀子的性朴论出发，将性朴论思想扩展到先秦至西汉的其他著名儒家人物身上，认为孔子有性朴论倾向，西汉儒家代表人物董仲舒也是性朴论者，引起学术界对于先秦儒家乃至整个儒家人性学说的新的思考、认识，以及更多的学术讨论。

这场学术讨论的整个过程及其所取得的丰硕成果值得注意。虽然周炽成先生以荀子的"性朴论"否定荀子的"性恶论"，实质上是以人性的本质问题否定人性的价值指向问题，混淆了人性的本质与人性的价值指向，但是，这却不自觉地引出了先秦儒家人性学说研究新的热点——关于人性本质问题的研究。而由人性的本质问题的讨论，又不自觉地引出了人性的根据问题的研究。此外，参与这场学术讨论的学者们尽管学术观点不同，批评或回应都很直接，但是所展现出的高尚品格、君子风范同样值得注意。可以说，这场学术讨论无论是从学术质量上看，还是从参与讨论者的学术追求、学术品位上看，都堪称真正的学术讨论的典范。

从"先秦儒家的人性世界"的上述研究现状出发，我们大体可以看出该研究的大致的趋势，那就是从以往的主要由道德维度以及人性的内容维度研究先秦儒家的人性学说，转向从人性的本质维度以及人性的形上根据的维度研究先秦儒家的人性学说；从着重论述先秦儒家人性学说中的人性善恶问题，转向着重论述先秦儒家之所以论述人性善恶的根源；从对先秦儒家人性学说的道德之维的"定性"研究，转向对于先秦儒家人性学说的复杂性的研究；从对先秦儒家人性学说的某一个方面的研究，转向对于先秦儒家人性学说的构成与体系的研究；从对先秦儒家人性学说中的人性问题本身的研究，转向对先秦儒家人性学说中"性"与"天""心""气"等的关系的研究。

笔者无意深度参与目前学术界关于荀子性恶与性朴之争、关于先秦儒家主要人物性朴论倾向的讨论，但是有意对其作出分析、总结，并指出其理论上的得失，从而为推动先秦儒家人性学说的进一步研究做出自己的努力。为此，本书立足于"性"字的本义与结构，从"性"字的"心""生"两面入手，从人性的本质、内容、根据以及价值指向等维度，重新梳理先秦儒家人性世界及其思想之源，指出先秦儒家人性世界在人性的本质的层面是性"朴"论，在人性的内容层面涉及人性是情欲、人性是道德、人性是情欲与道德、人性是情欲与认知能力等多种说法，在人性的根据层面涉及人性的根据是"天"、人性的根据是"心"与人性的根据是"气"这三种说法，在人性的价值指向层面涉及人性善、人性恶、人性有善有不善、人性可善可不善、人性无善无不善等多种说法，最后，指出先秦儒家人性世界在人性的本质、内容、本原以及价值指向等维度对于汉代以来的儒家人性世界的广泛而深远的影响。

第一章

儒家之前的人性世界

儒家人性学说产生于孔子。孔子所谓"性相近也,习相远也"开启了儒家人性学说之先河,大体框定了儒家人性学说的框架与发展方向。但是儒家人性学说之源头却在孔子之前,可以说,孔子之前或者说儒家之前的人性学说构成了儒家人性学说的源头活水。从儒家人性学说的角度看,儒家之前的人性学说作为儒家人性学说之源头活水,被先秦儒家直接或间接所取用,似乎是零散的。也正因为此,儒家之前的人性学说不被学术界所重视,研究成果也比较少。从儒家之前的人性学说自身的角度看,儒家之前的人性学说有其内在的逻辑结构、发展历程,是体系化的。那么,作为体系化的、儒家人性学说之源头的儒家之前的人性学说是一种什么样的学说?这是需要研究的。

一、商朝末年的人性世界

从传世文献来看，"性"字最早出现于《尚书·商书》之《西伯戡黎》[①]，出自祖伊之口。《西伯戡黎》记载了商朝末年周文王打败商之属国"黎"，商之贤臣祖伊恐慌之中，向纣王禀报并向纣王进谏的过程："西伯既戡黎，祖伊恐，奔告于王，曰：'天子，天既讫我殷命，格人元龟，罔敢知吉。非先王不相我后人，惟王淫戏用自绝，故天弃我，不有康食，不虞天性，不迪率典。今我民罔弗欲丧，曰："天曷不降威？"大命不挚，今王其如台？'王曰：'呜呼！我生不有命在天？'祖伊反曰：'呜呼！乃罪多，参在上，乃能责命于天？殷之即丧，指乃功，不无戮于尔邦！'"

因为《西伯戡黎》把人性理解为"天性"，意味着其关于人性的论述涉及"天"，甚或是从"天"的高度论述的，所以在讨论其人性之前需要首先讨论天；又因为"天性"是由祖伊提出的，所以要特别注意祖伊所谓的天。

从祖伊与纣王的对话可以看出，天乃是至上主宰，决定人间的吉凶祸福，这是纣王和祖伊共同的信仰。不同的是，纣王心中的天是没有道德的存在，因而在纣王看来，天没有善恶观念，也没有确定不变的天意，天对于人的佑护与惩罚，与人的行为无关，其赏罚没有一定的或者说固定的标准。这样，一方面天仅仅是信仰的对象，而不是效法的对象，人只能信奉天，而不能揣测、效法天意；另一方面天命就是注定不变的，不会因人为原因而转移。而祖伊心中的天是道德性存在，因而在祖伊看来，天有其善恶观念，天对于人的佑护与惩罚，与人的行为有关，赏善罚恶是其基本的价值取向。这样，一方面天不仅是信仰的对象，而且还是效法的对象，人不仅信奉天，而且还能揣测天意，遵从并效法天意；另一方面天命就不是固定不变的，天命的转移取决于人的行为。

基于天的非道德性，天意的不可揣测，天命的命定不变，纣王以为人不需要为自己的行为负责，看不到、更不反省自己行为的非正当性、非道德性，因而坚信自己"有命在天"，即便"不虞天性"，也不认为这是"天弃我"。而基于天的道德性，天意的可知性，天命的变动性，祖伊意识到人必须为自己的行为负责，于是批评纣王的行为的非正当性、非道德性，规劝纣王有所作为，因而以"不虞天性"为"天弃我"。

为什么在《西伯戡黎》中祖伊把人性理解为"天性"？阮元有解释："此篇'性'字上加以'天'字，明是性受于天。"①就是说，祖伊认为人性虽然是人之性，乃人所具

---

① 阮元：《揅经室集》，中华书局1993年出版，第213页。

有的本性，可是人性并非出自人自身，而是根源于天，乃天之所赋。换言之，天是人性的根据、本原。这同时说明，在祖伊看来人性是先天的、与生俱来的。阮元的这种解读无疑是准确的。

那么，此"天性"究竟是什么样的"性"？或者说，作为人性的"天性"究竟何所指？孙星衍的解释可作参考："天性，谓天命之性，仁义礼智信也。"①这里，孙星衍以宋儒"天命之性"解祖伊的"天性"，虽显生硬，也有其合理性。原因在于宋儒"天命之性"及其直接根据"天命之谓性"（《中庸》）都与此"天性"有关。反过来，用"天命之性"解读此"天性"也就有其一定的合理性。

虽然"天性"不是"天命之性"，但是孙星衍的解读说明了祖伊所谓人性从来源上看，从形上根据上看，根源于天，天乃人性之"本"。这是准确的。这种说法，也与阮元的说法相同。孙星衍的解读还说明了祖伊所谓人性从本质上看，就是天之所"命"，并非人力所致。这也是准确的。由此可知，孙星衍与阮元一样，也认为祖伊所谓的人性是先天的、与生俱来的。这同样是准确的。这样，在确证祖伊所谓人性出于"天"、定于"命"以及这种人性的先天性之后，也就确证人性在本质上就是人的先天的、与生俱来的本性。

---

① 孙星衍：《尚书今古文注疏》，中华书局2004年出版，第251页。

接下来的问题是，祖伊所谓的人性，其内容是什么？既然祖伊把人性理解为"天性"，还得从"天"的角度加以考察。由于祖伊所谓的"天"一方面是至上主宰、至上神，一方面又具有道德属性，是至善的存在，是道德的化身；又由于在天与人之间，天对于人的要求是弃恶从善，人对于天是绝对服从，那么，天加于人的"性"或者说人受于天的"性"在内容上就应该是天本身就具有的"德"。至于这"德"之所指，应是人生所有的"德"。孙星衍将"天性"的具体内容解读为"仁义礼智信"未必准确，但是其从"德"的角度解读祖伊"天性"也即人性的内容，大体不谬。

由于祖伊所谓的人性的内容是降自于天的"德"，这意味着顺性而为就是顺"德"而行。基于顺"德"而行的行为是"善"的行为，可知顺性而为的行为也是"善"的行为。基于顺性而为的向善价值可知，在祖伊看来，人性在道德、价值层面是"善"的，虽然祖伊没有明确说出。

需要注意的是，在《西伯戡黎》中，祖伊列举"天弃我"的情形为"不有康食，不虞天性，不迪率典"。其中的"不虞天性"是说天不让我们揣度天性，也即不让我们揣度自己的本性，使得我们丧失本性，被欲望所驱使，行凶作恶。这意味着天佑护人们，就会让人们能够揣度人性，使得人们能够认识人性，从而能够顺性而为，不被欲望所驱使，积极行善。这也从一个侧面说明了祖伊所谓的人性是善的，而人性善，就必然意味着人性的内容是"德"。

由上可知，人性学说产生于商朝末年，存在于《西伯戡黎》，由祖伊提出①。祖伊的人性学说与其关于天的学说紧密联系并受制于其关于天的学说。在祖伊看来，人性的根据、本原是天，人性本质上是人先天具有的内在于人的本性，人性的内容是"德"，人性的价值指向"善"。人性的内容是"德"，说明祖伊所谓的人性在内容上只涉及"性"字中的"心"，而没有涉及"性"字中的"生"。

二、西周时期的人性世界

西周时期，人性学说有所发展。关于西周时期人性学说的有关材料载于《尚书·周书》之《召诰》、《诗经·大雅》之《卷阿》以及《国语·周语上》之《祭公谏穆王征犬戎》。

我们先看《召诰》。《召诰》是西周初年的作品，其主体是召公的诰词，意在勉励周成王敬德保民，"祈天永命"。其言及人性、天命与"德"："王先服殷御事，比介于我有周御事。节性，惟日其迈，王敬作所，不可不敬德。我不可不监于有夏，亦不可不监于有殷。我不敢知

①游唤民先生认为人性学说产生于西周初年，是由于其只注意到《尚书·召诰》《诗经·卷阿》等西周文献中的人性论材料，而没有注意到《西伯戡黎》中的人性论材料。（游唤民：《论人性论始于西周初年》，《船山学刊》1999年第1期，第42—44页。）

曰，有夏服天命，惟有历年；我不敢知曰，不其延。惟不敬厥德，乃早坠厥命。我不敢知曰，有殷受天命，惟有历年；我不敢知曰，不其延。惟不敬厥德，乃早坠厥命。今王嗣受厥命，我亦惟兹二国命，嗣若功"，"王其德之，用祈天永命。其惟王勿以小民淫用非彝，亦敢殄戮用乂民，若有功。其惟王位在德元，小民乃惟刑用于天下，越王显。上下勤恤，其曰：我受天命，丕若有夏历年，式勿替有殷历年，欲王以小民受天永命"。

从上述文字来看，召公认为"天"是至高至善的存在，是人类的绝对主宰，"天命"取决于天意，也取决于人为，因此，统治者要做到遵从天意，"敬德""节性"，才能"受天永命"。

基于天之至善、天命向善，"敬德"与"节性"对于人而言既是向善，也是向善之路。"敬德"是就人之外在行为而言的，指人要谨慎、认真地践行"德"；"节性"则是就人之内在本性而言的，指人要"节"自己的"性"。

何为"节性"，特别是何为"节性"之"节"，这对于理解召公人性学说关系重大。孙星衍、王先谦等引用《吕氏春秋·重己》中的"节乎性也"解之。孙星衍曰："节性者，《吕氏春秋·重己篇》云：'节乎性也。'"[1]王先谦曰："'节性，惟日其迈'者，《吕览·重己篇》：'节乎性也。'"[2]在孙星衍、王先谦看来，召公的"节性"相当于

---

① 孙星衍：《尚书今古文注疏》，中华书局2004年出版，第398页。

② 王先谦：《尚书孔传参正》，中华书局2011年出版，第716页。

《吕氏春秋·重己》中的"节乎性也"。这种看法也许影响了傅斯年，傅斯年虽然坚持认为"节性"本作"节生"，但是也引《吕氏春秋·重己》中的"节乎性也"解读召公的"节性"[①]。这说明，弄清《吕氏春秋·重己》中的"节乎性也"所指，似乎是准确理解召公"节性"的关键。

我们来看《吕氏春秋·重己》的相关论述："室大则多阴，台高则多阳；多阴则蹶，多阳则痿，此阴阳不适之患也。是故先王不处大室，不为高台，味不众珍，衣不燀热。燀热则理塞，理塞则气不达；味众珍则胃充，胃充则中大鞔。中大鞔而气不达，以此长生可得乎？昔先圣王之为苑囿园池也，足以观望劳形而已矣；其为宫室台榭也，足以辟燥湿而已矣；其为舆马衣裘也，足以逸身暖骸而已矣；其为饮食酏醴也，足以适味充虚而已矣；其为声色音乐也，足以安性自娱而已矣。五者，圣王之所以养性也，非好俭而恶费也，节乎性也。"

这是说，人的生存虽然需要生活资料，伴随着物质的、感官的需求，但是过度的物质欲求、感官享乐会伤害身体、伤害生命，因此，要求得"长生"，就必须节制自己的物质欲求与感官欲望，使之适度，也即必须"节乎性也"。这里明显可以看出，"节乎性也"之"节"指节制，而"节乎性也"之"性"应指人的感官欲望、生理欲望。

关于《吕氏春秋》，高诱的注解历来受到后世注家的

---

① 傅斯年：《性命古训辨证》，广西师范大学出版社2006年出版，第27—28页。

重视。王先谦为解读召公的"节性"而引《吕氏春秋·重己》中的"节乎性也",并同时引高诱注"'节性,惟日其迈'者,《吕览·重己篇》:'节乎性也。'高注:'节,犹和也'"①,即是一例。

我们不妨看看高诱对于"节乎性也"的注解:"节,犹和也。和适其情性而已,不过制也。"②这里,高诱解"节"为"和",参照其后的"和适其情性而已,不过制也"等文字,可知其所谓的"和"指协调、调节、节制。也就是说,其所解之"节"为节制。基于"节,犹和也",高诱解"节性"为"和适其情性而已,不过制也",并将"性"直接理解为"情性",可知其认为"节乎性也"之"性"就是指人之情欲或曰感官的、生理的欲望。这样,其认为"节乎性也"就是节制情欲、节制感官的或曰生理的欲望。这么看,高诱的注解也是较为准确的。

既然《吕氏春秋·重己》中的"节乎性也"就是指节制人性,其中的"性"指人的感官或曰生理欲望,那么,以《吕氏春秋·重己》中的"节乎性也"解读召公的"节性","节性"也就是指节制人性,"节性"之"性"也就是指人的感官或曰生理欲望。

关于召公的"节性",阮元在"性命古训"中也有讨

---

① 王先谦:《尚书孔传参正》,中华书局 2011 年出版,第 716 页。

② 陈奇猷:《吕氏春秋新校释》,上海古籍出版社 2002 年出版,第 44 页。

论，其观点更值得重视。阮元引用《尚书·召诰》"节性，惟日其迈，王敬作所，不可不敬德"等文字，然后加以论述曰："《孟子·尽心》亦谓口目耳鼻四肢为性也。性中有味、色、声、臭、安佚之欲，是以必当节之。古人但言节性，不言复性也。"①其引用《孟子·尽心下》"口之于味也，目之于色也，耳之于声也，鼻之于臭也，四肢之于安佚也，性也，有命焉，君子不谓性也"等文字，然后加以论述曰："若与《召诰》相并而说之，则更明显。惟其味、色、声、臭、安佚为性，所以性必须节，不节则性中之情欲纵矣。"②由此可以看出，阮元认为"节性"之"节"就是指节制，"节性"就是指节制人性，"节性"之"性"就是指人的情欲或者说感官欲望。

其实，我们即便不像孙星衍、王先谦等那样借用《吕氏春秋》的"节乎性也"解读召公的"节性"，而是直接根据《召诰》的文本，特别是其中的"节性，惟日其迈，王敬作所，不可不敬德"，也能得出同样的结论。在《召诰》中，"敬德"与"节性"相互联系，"敬德"必须"节性"，"节性"为了"敬德"。"节性"的依据、标准是"德"，"节性"的外在表现就是"敬德"。阮元所曰"'王敬作所，不可不敬德。'即性之所以节也"③，表达的也是此意。既然"节性"以"德"为依据、标准，可知"节

---

① 阮元：《揅经室集》，中华书局1993年出版，第211页。

② 阮元：《揅经室集》，中华书局1993年出版，第212页。

③ 阮元：《揅经室集》，中华书局1993年出版，第211页。

性"之"性"不是由"德"所构成，也就是说，"性"的内容不是"德"。"性"的内容不是"德"，说明其内容应该就是与"德"相对、相反的情欲。"性"为情欲，"节性"就是以"德"为依据、标准"节"情欲。此"节"必为节制。

仅就"节性，惟日其迈"来说，"节性，惟日其迈"，而不是"顺性，惟日其迈"，或者"尽性，惟日其迈"，可知，"节"与"顺""尽"相对，应为节制。"节性，惟日其迈"，节制人性，才可以一天天地进步、一天天地向善，由此可知，人性的内容不是"德"，而是"德"的反面——情欲。

由于召公所谓的人性的内容是人之情欲、是人的感官或曰生理欲望，顺性而行意味着放纵情欲，伤害他人，危害社会，说明召公所谓的人性的价值指向"恶"，也说明召公所谓的人性在内容上只涉及"性"字中的"生"，而没有涉及"性"字中的"心"。

此外，人性作为与生俱来的内在于人的存在，是不言自明的。虽然召公没有明确论述，但是我们在《召诰》中还是能够看得出来：在《召诰》中，"敬德"与"节性"相互联系，其中，"德""性"相对，而"德"仅仅是外在于人的存在，可以推断，召公所谓的"性"在本质上就是与生俱来的内在于人的存在。

我们再来看《卷阿》。《卷阿》也是西周初年的作品，是周成王出游卷阿之时，《卷阿》作者所写的诗，意在赞美周成王，同时又含有规劝周成王建功立业之意。《卷阿》涉及人性的文字如下："伴奂尔游矣，优游尔休矣。岂弟君子，俾尔弥尔性，似先公酋矣。尔土宇畇章，亦孔之厚矣。岂弟君子，俾尔弥尔性，百神尔主矣。尔受命长矣，茀禄尔康矣。岂弟君子，俾尔弥尔性，纯嘏尔常矣。"

这里，"弥尔性"是理解《卷阿》人性学说的关键。那么，何谓"弥尔性"，尤其是何谓"弥尔性"之"弥"？前人有详细考证："《毛传》注：'弥，终也。'胡承珙说：'终者，尽也。弥其性，即尽其性也。'姚际恒又说：'弥，《释文》，益也。"弥尔性"，谓充足其性，使无亏间也。'"[1]这说明，"弥尔性"就是指扩充你的人性、尽量发挥你的人性。

"弥尔性"有什么样的结果呢？《卷阿》认为结果是："似先公酋矣""百神尔主矣""纯嘏尔常矣"。就是说，周成王如果能够做到扩充、尽量发挥自己的人性，就能继承先王所奠定的功业，主祭百神，常享大福。这结果不仅对周成王自己是"好"的，对他人、对社会、对国家无疑也是"好"的。

由于"弥"性是指扩充性、尽性，而"弥"性的结果是"好"的，可知，在《卷阿》作者看来，人性在价值的层面是"善"的。由于人性的价值指向、人性的善恶取决于人性的内容，由《卷阿》的作者认为人性善，可知其所

---

① 金启华、朱一清、程自信：《诗经鉴赏辞典》，安徽文艺出版社1990年出版，第700页。

谓的人性的内容应该是与情欲之类相对的"德"。因为只有顺德而行、极力践行德，其结果才是"善"的。再说，从儒家人性学说来看，凡强调尽性者，其所谓的人性的内容必定是"德"，其所谓的人性的价值必定指向"善"，这也是一个可以参照的理由。这么看，《卷阿》作者所谓的人性在内容上只涉及"性"字中的"心"，而没有涉及"性"字中的"生"。

最后，我们来看《祭公谏穆王征犬戎》。《祭公谏穆王征犬戎》记载的是西周前期之事，为祭公谋父劝阻周穆王征伐犬戎时所说的话。祭公谋父主要是从"先王"或者说是从政治、历史的维度加以劝谏的，其中涉及人性的文字如下："先王之于民也，懋正其德而厚其性，阜其财求而利其器用，明利害之乡，以文修之，使务利而避害，怀德而畏威，故能保世以滋大。"

这里，"懋正其德而厚其性"属于"先王"从道德与人性维度治理民众的措施，因而属于"先王"对于人性的理解，表达的是西周早期的"先王"的人性学说，意为让民众努力端正其"德"而敦厚其"性"。这里，"厚其性"，与《卷阿》中的"弥尔性"相似；"厚其性"的结果，是使民众向善，而不是走向恶。据此可以判断祭公谋父口中的"先王"认为人性在价值层面是"善"的，人性的内容是"德"。韦昭解"厚其性"之"性"为"情性"①，就是错误的。这里，"懋正其德"是让民众努力端正自己的

---

① 徐元诰：《国语集解》，中华书局2002年出版，第2页。

"德"，可推断民众之"德"为民众所固有，而不是通过外在的力量加于民众的，仅就此而言，也可推断"德"作为内在于人的存在应为人性的内容。"德"为人性的内容，则意味着人性善。这里，"懋正其德"与"厚其性"是一致的，"正"德意味着"厚"性，"厚"性意味着"正"德。而从"德"的内在性来看，"德"就是"性"。这说明，祭公谋父口中的"先王"所谓的人性在内容上只涉及"性"字中的"心"，而未涉及"性"字中的"生"。

由上可知，西周时期的人性学说，主要是西周初年或曰早期的人性学说，涉及人性的本质、内容以及人性的价值指向等。关于人性的本质，召公、《卷阿》作者与祭公谋父口中的"先王"都没有明确论述，但是都认为人性在本质上就是与生俱来的内在于人的存在；关于人性的内容，召公认为人性的内容是情欲之类，《卷阿》作者以及祭公谋父口中的"先王"认为人性的内容是"德"，分别涉及"性"字中的"生"与"心"；关于人性的价值指向，召公认为人性恶，《卷阿》作者以及祭公谋父口中的"先王"认为人性善；关于人性的本原、根据，召公、《卷阿》作者以及祭公谋父口中的"先王"都没有论及。

三、春秋时期的人性世界

春秋时期的人性学说①的有关材料主要存于《左传》,《国语》中只有一条。需要注意的是,《左传》中有的材料虽然出现"性"字,但是并非指本性,而是指"生",意为生存、生活,因而这些材料不能看作人性学说的材料。例如,《左传·昭公八年》载师旷之语:"今宫室崇侈,民力凋尽,怨讟并作,莫保其性。"再如,《左传·昭公十九年》载沈尹戌之语:"吾闻抚民者,节用于内而树德于外,民乐其性而无寇仇。"其中的"性"皆为"生"。

从春秋时期的人性学说来看,涉及人性恶、人性善以及有的人性善、有的人性恶等观点。关于人性恶,《国语·周语中》有记载。《国语·周语中》之《单襄公论郤至佻天之功》载单襄公之语:"君子不自称也,非以让也,恶其盖人也。夫人性,陵上者也,不可盖也。求盖人,其抑下滋甚,故圣人贵让。"意谓君子不夸耀自己,并非单纯为了谦让,而是厌恶自夸这种凌驾于他人之上的行为;按照人的本性,都想超过在己之上的人,所以不可能凌驾于他人之上;想方设法凌驾于他人之上,反而会被打压得

---

① 这里所说的"春秋时期的人性学说"是指孔子人性学说产生之前的春秋时期的人性学说。孔子"十有五而志于学"(《论语·为政》),由习"礼"而体贴出"仁";"五十以学易"(《论语·述而》),由学"易"而体贴出"性与天道"(《论语·公冶长》),其人性学说形成于五十岁之后。

更厉害，所以圣人崇尚"让"之德。这里，由单襄公的"夫人性，陵上者也"以及单襄公对人性的厌恶可知，顺性而行必然欺凌、伤害他人，单襄公所谓的人性一定是恶的；由人性之恶，以及人性必须受制于"德"可知，单襄公所谓的人性的内容应该是"德"的反面——欲望，只是这欲望不仅包括感官的、物质的欲望，还包括精神的、心理的乃至政治的欲望。单襄公这种对人性内容的理解，涉及"性"字中的"生"，而没有涉及"性"字中的"心"。

关于人性善，《左传》中有记载。《左传·襄公十四年》载师旷之语："天生民而立之君，使司牧之，勿使失性。"意谓上天让国君统治民众，不让民众失去本性。从"勿使失性"来看，师旷显然认为人性是具有正面价值的，从而认为人性是善的，所以才主张不能丧失人性，才要求保有、守护人性。由人性之善来看，师旷所谓的"性"应指人之内在之"德"，就是说，人性的内容应指存在于人之内的"德"。与师旷观点相似的，还有子太叔。《左传·昭公二十五年》载子太叔之语："气为五味，发为五色，章为五声，淫则昏乱，民失其性。是故为礼以奉之。"意谓气构成五味，表现为五色，彰显为五声，民众沉湎、放浪于其中就会昏乱，就会失去本性，因此需要遵从礼，以礼来调节、规范欲望。由此可知，子太叔认为对于欲望的过度追逐会造成"失其性"，这意味着欲望与"性"相对，人性的内容只能是欲望的反面——"德"；由人性的内容是"德"可以推断子太叔认为人性善。师旷、子太叔这种对人性内容的理解，涉及"性"字中的"心"，而没有涉及"性"字中的"生"。

关于有的人性善、有的人性恶，《左传》有记载。《左传·襄公二十六年》载子产之语："夫小人之性，衅于勇，啬于祸，以足其性而求名焉者，非国家之利也。"意谓小人的本性就是逞血气之勇，贪图从祸乱中获利，以满足其追逐名利之本性，这对于国家有害无利。由此可以看出，在子产看来，小人之性的内容是情、欲，顺性而行就是纵情纵欲，对国家不"利"，因而人性是恶的。从子产关于小人之性的论述还可推论，在子产的心中还有与小人之性相对的圣人之性，其内容应该是"德"，其价值应该指向"善"。子产这种对人性内容的理解，使得其所谓小人之性涉及"性"字中的"生"，而没有涉及"性"字中的"心"，其所谓圣人之性涉及"性"字中的"心"，而没有涉及"性"字中的"生"。由人性有小人之性与圣人之性之分可知，子产认为没有统一的人性，不同的人有不同的"性"；小人与圣人的差别决定于人性的差别，因此，小人与圣人的差别是先天的，不可改变的。

由上可知，春秋时期的人性学说主要涉及人性的内容与价值指向。关于人性的内容，单襄公认为人性的内容是人的欲望，师旷、子太叔认为人性的内容是"德"，子产则认为小人之性的内容是情欲，圣人之性的内容是"德"。这样，单襄公所谓的人性仅仅涉及"性"字中的"生"，师旷、子太叔所谓的人性仅仅涉及"性"字中的"心"，子产所谓的小人之性、圣人之性分别涉及"性"字中的"生"和"心"。关于人性的价值指向，单襄公认为人性恶，师旷、子太叔认为人性善，子产则认为小人之性"恶"而圣人之性"善"。关于人性的本质、本原等，单襄公、师旷、子太叔、子产等均未论及。

四、总 结

通过以上的分析可知，中国人性学说产生于商朝末年，儒家产生之前中国就有系统的人性学说，从现有材料来看，其建构者是从商朝末年到春秋时期的政治人物祖伊、召公、《诗经·卷阿》作者、祭公谋父口中的"先王"、单襄公、师旷、子太叔、子产等。总体上看，儒家之前的人性学说在文字层面虽然只有只言片语，但是却蕴含着丰富的思想内容，涉及人性的本质、内容、根据、价值指向等人性学说的所有主要方面；儒家之前的人性学说的建构者认为人性是人的先天具有的内在本性，人性的内容要么是"德"，要么是情欲，人性的根据是天，人性的价值要么指向"善"，要么指向"恶"。儒家之前的人性学说的建构者所理解的人性，从"性"字的结构来看，要么以"心"论性，只涉及"性"字中的"心"，要么以"生"论性，只涉及"性"字中的"生"，都没有顾及"性"由"心""生"所构成这一事实，没有同时论及人性中的"心""生"两面。这么看，儒家之前的人性学说的建构者把人性问题理解为道德问题，或者说，从道德的维度理解人性问题。

就儒家之前的人性学说的逻辑发展及其所呈现的特色来看，展现出从"天"到"人"、从"外"到"内"的进程，也即展现出从重视"天"到重视"人"、从重视人性之"外"到重视人性之"内"的历程。具体而言，商朝末年的人性学说关注的是天，看重的是天意对于人、人性的控制，而对人、人性自身有所忽视；西周早期的人性学说关注的是人，看重的是人通过"节""弥""厚"等外在手段对于人性的掌控，也即看重人性之"外"的东西，而对人性的内在的东西有所忽视；春秋时期的人性学说关注的是人性，看重的则是人性自身的状况，也即看重人性之"内"的东西。这说明，儒家之前的人性学说有一个逐步深化的轨迹。

从儒家之前的人性学说来看儒家人性学说，我们会发现儒家人性学说在很大程度上就是儒家之前的人性学说的逻辑发展；从儒家人性学说反观儒家之前的人性学说，我们会发现儒家之前的人性学说就是儒家人性学说的源头活水。

儒家人性学说发端于孔子，但是孔子的人性学说并未传于后世，甚至其入室弟子子贡之类也不得而知。《论语》中关于孔子的人性学说的直接记载，也就"性相近也，习相远也"这一条。不过，孔子仅凭其"性相近也，习相远也"之语就大体确定了儒家人性学说的底色与发展方向，我们根据其"性相近也，习相远也"之语以及其相关言论，也还是能够勾勒出其人性世界的大致框架的。

一、孔子人性学说的失传或未传

子贡曰"夫子之文章，可得而闻也；夫子之言性与天道，不可得而闻也"（《论语·公冶长》），认为孔子的学问包括"文章"以及"性与天道"，也即包括诗书礼乐等形而下的学问以及人性与天道等形而上的学问，但是关于孔子人性与天道的学说，孔子至少没有传授给他。孔子没

有将人性与天道的学说传授给子贡，是否传授给了别的弟子呢？从子贡上述言论来看，是有可能的。子贡的上述言论也隐含对于孔子的"抱怨"。

子贡是孔子的著名弟子，孔子未将其人性与天道的学说传授给他，可见孔子对于自己人性与天道的学说的重视，也可见其人性与天道的学说相对于"文章"之深奥。因为重视自己的人性与天道的学说，连子贡这样优秀的弟子都不传授，那么，会传授给谁呢？只能是颜回。原因在于颜回是孔子最欣赏、最看重的弟子。孔子也有意培养其为自己的继承人，为儒家未来的领袖。还有，因为孔子的人性与天道的学说之深奥，当然就不是普通人所能理解的。既然"中人以上，可以语上也；中人以下，不可以语上也"（《论语·雍也》），只能将人性与天道这种深奥的学问传授给"中人以上"者，子贡虽为孔子的著名弟子，深得孔子赏识，但在孔子看来毕竟也只是"中人以下"者，在孔子的心中，"中人以上"者唯有颜回。

孔子弟子在孔子看来多为"中人以下"者，子贡之流之所以能成为孔子的著名弟子，主要在于"德"，而不在于"智"。《论语·先进》虽曰"德行：颜渊、闵子骞、冉伯牛、仲弓。言语：宰我、子贡。政事：冉有、季路。文学：子游、子夏"，将孔子的著名弟子分为四类，这仅是就各自的特长而言的，颜渊、闵子骞、冉伯牛、仲弓等以德行见长，宰我、子贡、冉有、季路、子游、子夏等也是道德的践行者，只不过相比较而言，宰我、子贡还擅长于辞令与外交，冉有、季路更擅长于政治事务，而子游、子夏更擅长于诗书礼乐等。再说，宰我、子贡的辞令与外交应对，冉有、季路的为政治国，子游、子夏对诗书礼乐的精研，都奠基于各自的"德"，都是对"德"的践履。

正因为孔子的著名弟子之所以成为著名弟子主要在于"德"，而不在于"智"，所以在"德"的层面孔子的著名弟子是没有本质区别的，颜回超越其他弟子的就不太可能是"德"，就算是"德"，也不仅仅是"德"，虽然孔子曾云"回也其心三月不违仁，其余则日月至焉而已矣"（《论语·雍也》），对颜回之"德"大加赞赏。这么说，颜回超越其他弟子的就不仅是"德"，还应该包括"智"。相对于其他弟子的"中人以下"的智慧，颜回应具有"中人以上"的智慧。

《论语·雍也》载："哀公问：'弟子孰为好学？'孔子对曰：'有颜回者好学，不迁怒，不贰过，不幸短命死矣。今也则亡，未闻好学者也。'"《论语·先进》载："季康子问：'弟子孰为好学？'孔子对曰：'有颜回者好学，不幸短命死矣，今也则亡。'"此两处所言，虽是从学习态度、学习的主动性的角度评价、赞扬颜回超越其他弟子，乃是最为"好学"者，其他弟子虽然"好学"，相比于颜回就不算"好学"了，也隐含了从"智"的层面对于颜回的赞扬。再说，"学得好"者未必"好学"，但是"好学"者一定是"学得好"者，要想"学得好"，必有智力的因素，必定智力超群。相反，"学得不好"者，即便积极进取、勤奋刻苦，也不被看作"好学"。

学习需要智力因素，学习态度、学习的主动性同样至关重要。姑且不谈颜回在"智"的层面高于其他弟子，作为孔子心中唯一的"好学"者，颜回在学习态度、学习的主动性的层面同样高于其他弟子。这也是孔子把自己关于人性与天道的学说传授给他的原因。

检索《论语》，孔子直接表达其人性学说的话语就一处："性相近也，习相远也。"检索《论语》，没有记载孔子关于天道的言论，只有孔子关于"天"、关于"道"的言论。这也意味着，知晓孔子人性与天道学说的弟子只有颜回，而且颜回未能将孔子关于人性与天道学说的言论记录并整理出来。究其因在于颜回命短，死于孔子之前，同时又没有自己的弟子，而《论语》是由孔子的二传弟子整理出来的。至于有这一处孔子关于人性学说的话语，可能是颜回向其他弟子提及，而被其他弟子记住，最后经由其他弟子传下来的，也可能是孔子向弟子讲授"文章"之类的内容，在论及"文章"同"性与天道"的关系时偶尔提及，而被颜回之外的其他弟子传下来的。

当然，还有一种情形，那就是孔子没有将其人性与天道的学说传授给包括颜回在内的任何弟子①。究其因大概有二：一是孔子觉得自己所有的弟子都属于"中人以下"，

---

① 从颜回所云"夫子循循然善诱人，博我以文，约我以礼，欲罢不能"（《论语·子罕》）来看，孔子似乎也未将人性与天道的学说传授给他。

颜回也不例外，所谓优秀的弟子也仅仅是在师门之内比较优秀而已，真正优秀的弟子是可遇而不可求的，这些弟子不可能懂得人性与天道的学说，因此，不宜向弟子传授；二是孔子始终觉得自己人性与天道的学说并不成熟，尚在艰难的建构过程中，因此，不宜向弟子传授。关于颜回优越于孔子的其他弟子，孔子只将人性与天道的学说传授于颜回，而颜回又早死等的分析与推论，有直接的史料根据。与此不同的是，对孔子没有将其人性与天道的学说传授给包括颜回在内的任何弟子的讨论，则没有直接的史料根据，至少表面上看猜测的成分更多一些。尤其是认为颜回也属于"中人以下"的猜测，似乎显得难以令人信服。不过，如果孔子人性与天道的学说没有传下来出于以上原因，即孔子没有将其人性与天道的学说传授给包括颜回在内的任何弟子，那么，孔子言及"性与天道"就只能是其向弟子讲授"文章"之类的内容，在论及"文章"同"性与天道"的关系时偶尔提及，而被弟子们传下来的。

由于孔子人性与天道的学说要么只传授于颜回，而未曾传授给其他弟子，要么没有传授给包括颜回在内的所有弟子，造成其人性与天道学说的失传，使后人只知其"文章"而不晓其"性与天道"，更不知其"文章"同"性与天道"的关系。这是令人扼腕的。不过，相比于孔子天道学说在《论语》中的难见痕迹，我们循着孔子的"性相近也，习相远也"之语，还是能够捕捉到孔子人性学说的相关信息的。

二、人性的本质：人之生而就有的资质

人性的本质是什么？孔子没有直言，更没有作定义式的界定。从孔子"性相近也，习相远也"来看，孔子认为"性"是与"习"相对的存在，也即人性是与人的习惯相对的存在。由于人的习惯是后天所形成的，并且因此是可以改变的，与此相对，人性则是先天的、与生俱来的，并且因此是不可以改变的。由于人的习惯的形成源于各种内外因素，特别是受制于外在的因素，习惯的改变因而也受制于各种内外因素特别是外在因素，与此相对，人性的形成则是先天的，并且因而不受任何内外因素的干扰，特别是不受任何外在因素的干扰。由于人的习惯的可以改变，极有可能导致人与人的习惯的不同、差异以及奠基于此的人与人的其他方面的不同、差异；由于人性的不可改变，极有可能会导致所有人的人性的相同、无异。从"性相近也"来看，孔子确实认为人性是相似乃至相同的；从"习相远也"来看，孔子确实认为人的习惯是不同的、人奠基于此的其他方面也是不同的。这样，从人性的维度审视人，人因为人性的相似、相像而"相近"；从人的习惯的维度审视人，人因为习惯的不同、差异而"相远"。

由此可知，孔子不是单纯地从人性的维度讨论人性，而是从人性与人的习惯的比较的维度讨论人性，以人的习惯为参照点而论述人性。在孔子看来，人性本质上是人人

都先天具有的、不可改变的存在，所有人的人性在本质层面都是相同的，也就是说，人性是同一的。这些，无疑是对人性的本质的深刻认识。

另外，孔子"性相近也，习相远也"的表述还论及人在人性层面的平等以及人的平等的先天性，论及人的差异的后天性以及造成人的差异的后天因素。这为人们追求进步、提升自己、改变现状，尤其是为人的人生炼养以及理想人格的培育，提供了人性论基础。既然从人性之维审视人，人是先天平等的，就应该从先天的平等入手追求后天的、现实之维的平等；既然人的差异源于"习"，那么，从"习"入手就可以改造自己、重塑自己，就可以成就君子乃至圣人人格。

孔子对于人性的先天性、人性乃人之与生俱来的基质的界定，确定了人性的本质，同时也确立了儒家人性论的基石。后世儒家的人性学说无论怎样变化，无论呈现多少种式样，对人性的本质层面的看法都是一样的，都没有越出孔子对于人性本质的界定。而且，孔子从"性""习"之别或者说从"性""习"对照的维度讨论人性本质的手法也为后世儒家所继承，其中最明显的莫过于荀子。荀子的"性""伪"之分显然出自孔子的"性""习"之别。只是在荀子看来，不仅"习"这种后天的行为方式与"性"相对，一切后天的、人为的行为或东西都与"性"相对，而这一切后天的、人为的行为或东西皆可以用"伪"也即"人为"概括。

三、人性的内容：食色或德

孔子的"性相近也，习相远也"仅讨论了人性的本质，而没有论及人性的内容。换言之，孔子没有论及人的先天的、与生俱来的基质是什么。但是，我们透过孔子关于"欲"与"德"的论述还是能够推测孔子所谓的人性的内容的。

孔子曰："富与贵是人之所欲也，不以其道得之，不处也；贫与贱是人之所恶也，不以其道得之，不去也。君子去仁，恶乎成名？君子无终食之间违仁，造次必于是，颠沛必于是。"（《论语·里仁》）其所关注的虽然是"仁"，是"君子"，是君子之于仁的孜孜追求与积极践行，但是，其"富与贵是人之所欲也"与"贫与贱是人之所恶也"的表达，还是透露出物质追求是人的根本欲求，只不过物欲的实现需要通过正确的途径、方法而已。至于"仁"的追求仅仅是君子的诉求，仁既是追求物质、实现物欲的正确途径、方法，同时也是君子人生追求的目标。这里，人作为自然的存在，物欲是先天的、内在的、根本的，很可能在孔子看来就是人性的内容。可是，人作为社会的存在，又不可以是单纯的欲望的存在，人的行为在涉及人与人的关系、人与社会的关系时必然受到道德和礼、法的约束，其中，礼、法属于外在的强制力量，道德则属于人的自我约束。作为人的自我约束的道德，可以是外在的，也可以是内在的。将道德看作内在性的存在，很可能在孔子看来这道德也是人性的内容。可惜的是，从孔子"君子去仁，恶乎成名？君子无终食之间违仁，造次必于是，颠沛必于是"来看，孔子只是将"仁"、德看作君子的本质，即部分人的本质，而未将其看作所有人的本质，从而制约了孔子将其深化、扩充为人性的内容的思路。孔子的"君子而不仁者有矣夫，未有小人而仁者也"（《论语·宪问》），更是明确将"小人"剔出"仁"之外。孟子的高明之处恰在于将孔子心中的作为君子本质的"仁"扩充为所有人的本质并将其深化为人性的内容。

由于孔子在此并没有将道德视作内在性存在，因此，在孔子的心中人性的内容客观上只能是人的物质欲望或曰物欲。朱熹注解"性相近也，习相远也"之时，引二程之语："此言气质之性，非言性之本也。若言其本，则性即是理"[1]，认可二程以"气质之性"解读孔子之"性"。可见，在二程、朱熹那里，孔子之"性"的内容主要是物欲、食色之类，而不是仁、德。

关于在孔子的心中人性的内容客观上只能是人的物质欲望或曰物欲，而不可能是仁、德，我们还有如下证据。

在孔子那里，仁是最高之德，也是一切具体道德的总和。可以说，仁就是德，德就是仁。从孔子以下诸语来看，孔子认为仁是外在于人的存在。孔子曰："求仁而得仁，又何怨"（《论语·述而》），"仁远乎哉？我欲仁，

_____

① 朱熹：《四书章句集注》，中华书局2012年出版，第177页。

斯仁至矣"（《论语·述而》），"有能一日用其力于仁矣乎？我未见力不足者。盖有之矣，我未之见也"（《论语·里仁》）。这里，仁虽然距离人很近或者说不"远"，但是毕竟存在于人之"外"，因而是需要通过后天的人为也即"求"、用"力"等才可能获得的。

正因为仁之于人的外在性，即便"民之于仁也，甚于水火"（《论语·卫灵公》），仁对于作为社会存在的人所具有的价值超越水火对于作为自然存在的人所具有的价值，并且"水火吾见蹈而死者矣，未见蹈仁而死者也"（《论语·卫灵公》），仁之于作为社会存在的人是绝对有利无害的，而水火之于作为自然存在的人却是有利也有害的。但是除却圣人君子、志士仁人，大多数的普通人依然不愿意践行仁，以至于孔子感慨道："我未见好仁者，恶不仁者。"（《论语·里仁》）

正因为仁之于人的外在性，孔子曰："吾未见好德如好色者也"（《论语·子罕》），"已矣乎！吾未见好德如好色者也"（《论语·卫灵公》），感叹人们在"好德"与"好色"之间选择"好色"、在"德"与"色"之间追逐"色"。而物欲最重要的是食色之欲，人之"好色"、追逐"色"，恰是人之本性使然。至于孔子所云"君子喻于义，小人喻于利"（《论语·里仁》），并非说君子仅仅懂得义而小人仅仅懂得利，而是说，君子与小人皆懂得义与利，只不过在义利取舍上君子选取义而以义为人生实践的准则，小人选取利而以利为人生实践的准则。在此，小人选取利，出于人性；君子选取义，出于道德。

由于君子的选择不是从人性出发，而是着眼于道德的考量，这意味着这种选择是"克己"（《论语·颜渊》），是对人性的压抑，同时也意味着人性与道德的分立乃至对立。至此，孔子心中的君子、孔子对颜回的赞美以及孔子的自我刻画等虽然都是安贫乐道的形象，表面上看起来完美、快乐、自然、自得，其实，也都是对人性的压抑。例如，孔子言君子曰："君子食无求饱，居无求安，敏于事而慎于言，就有道而正焉，可谓好学也已。"（《论语·学而》）言颜回曰："贤哉回也，一箪食，一瓢饮，在陋巷，人不堪其忧，回也不改其乐。贤哉回也！"（《论语·雍也》）言自己曰："饭疏食饮水，曲肱而枕之，乐亦在其中矣。不义而富且贵，于我如浮云。"（《论语·述而》）其中的"食无求饱，居无求安""一箪食，一瓢饮，在陋巷""饭疏食饮水，曲肱而枕之"，并非出于自然、发自本性，而是对物欲的克制、对人性的压抑。也正因为此，孔子心中的君子是需要后天的修炼的，孔子自己以及孔子心中的颜回就是修炼成功者。孔子自谓平生，以"七十而从心所欲，不逾矩"（《论语·为政》）为最高境界，也只是一种习惯成自然的心理描述，一种对"克己"的美化，而不是顺性而为的真正自由。"不逾矩"的"从心所欲"还是有"矩"管束的。

在孔子看来，人性的内容客观上是物欲、食色。孔子对于物欲、食色虽然没有明确否定，甚至也承认追求物欲、食色的正当性，但是孔子重义轻利，对于物欲、食色的负面价值是警惕的，对于物欲的实现、食色的满足对仁、德所造成的伤害是否定的。例如，孔子曰："不义而富且贵，于我如浮云"（《论语·述而》），"邦有道，贫且贱焉，耻也；邦无道，富且贵焉，耻也"（《论语·泰伯》），"君子喻于义，小人喻于利"（《论语·里仁》），就是如此。这使得孔子不愿意明言人性的内容是物欲、食色。另一方面，孔子对于仁、德是绝对肯定的。例如，孔子曰："民之于仁也，甚于水火"（《论语·卫灵公》），"志士仁人，无求生以害仁，有杀身以成仁"（《论语·卫灵公》），就是如此。这导致孔子主观上希望将仁、德列为人性的内容，但是仁、德毕竟是外在于人的存在，而且仅仅是君子的"德"、君子的本质，将其列为人性内容缺乏学理上的依据，这又使得孔子不敢明言人性的内容是仁、德。此外，从上也可知，孔子有将义与利、道德与物欲置于对立位置的意味，这导致物欲、食色与仁、德不能共存、共处，导致人性的内容不可能同时包括二者。也许正因为此，孔子终其一生未将其人性学说传授给弟子。这么说，原来孔子未将其人性学说传授给弟子，还有另外的原因——其人性学说有缺憾、并不成熟。这另外的原因，也许才是真正的原因。

由此可以看出，从"性"字的结构来看，"性"包括"心"和"生"，孔子以物欲、食色为性的内容，抓住的是"性"中的"生"，却又不愿意承认；孔子还试图以仁、德为性的内容，试图抓住"性"中的"心"，但是没有成功，所以不敢承认。在人性内容方面的纠结乃至挫败，一直是孔子心头挥之不去的阴影。孔子之后，直至孟子才真正抓住"性"中的"心"，以"心"论"性"，并取得成功①。

此外，从后世儒家人性学说来看，"性"中的"心"包括"德"与"智"，孟子"心之官则思"（《孟子·告子上》），就是将"智"纳入"心"之中。孔子是否有将"智"纳入"心"中并将其列为人性的内容的企图呢？从其"唯上知与下愚不移"（《论语·阳货》）之语可以判断，其所谓的人性内容主观上不包括"智"，因为"性相近"，而人的智力却是有本质差异的。

四、人性的根据：天

人性是人先天具有、与生俱来的本性，其内容客观上是人的欲望特别是物质欲望，其核心无外乎食色。那么，人性从何而来？换言之，人性的内容从何而来？孔子没有言及。不过，从孔子关于天人关系以及天人关系的具体化——天与孔子本人的关系等方面的论述来看，似可推论孔子的人性根源于天，人性的内容物欲乃天之所赋。

我们先看孔子关于天人关系的论述。孔子曰"唯天为大"（《论语·泰伯》），认为在天与人之间天是最为高贵而伟大的存在，对于人具有绝对主宰性。因此，一方面，"获罪于天，无所祷也"（《论语·八佾》），必然受到天的惩罚；一方面，人的一切都是天之所赋，比如"死生有命，富贵在天"①（《论语·颜渊》），不仅人作为自然存在，其"死生"决定于天之所"命"，而且作为社会存在，其"富贵"同样决定于天。由此，人之所有、人之遭际皆是天的"安排"，都可以从天那里找到根据。这样，子贡便认为孔子之所以是圣人，并且"多能"，是天意："固天纵之将圣，又多能也"（《论语·子罕》）；"仪封人"便认为孔子之所以四处传道，是天意："天下之无道也久矣，天将以夫子为木铎。"（《论语·八佾》）

既然人之所有、人之遭际都是天意，都可以从天那里找到根据，那么，人性作为人所具有的本性，也应是天意，也应是天的"安排"。这么说，人性的根据就是"天"，人之物欲、人之食色就是天之所予。

关于天与孔子本人的关系，孔子作过多方面的论述，这些论述都是其关于天人关系思想的具体化。孔子在面临桓魋可能要加害于己的险情时曰："天生德于予，桓魋其如予何?"（《论语·述而》）谓自己的道德乃天之所赋予的，自己传布道德的使命也是天所赋予的，至于桓魋，是无法抗拒天意，加害自己的。孔子在面对自己最得意的弟子颜回之死的痛苦时曰："噫! 天丧予! 天丧予!"（《论

---

① 子夏曰："商闻之矣：死生有命，富贵在天。"（《论语·颜渊》）这虽为子夏之语，体现的则是孔子的思想。

语·先进》）这是在明明知道颜回之死是天之所"命"、是天意的情形之下，依然将颜回之死归结为天惩罚自己、要自己的命。孔子在面对被"匡人"拘禁的险境时曰："文王既没，文不在兹乎？天之将丧斯文也，后死者不得与于斯文也；天之未丧斯文也，匡人其如予何？"（《论语·子罕》）谓天让其成为周代礼乐文化的传承者、传播者，匡人是无法违背天意而加害于己的。孔子在面对不被他人理解的窘境时曰："不怨天，不尤人。下学而上达，知我者其天乎！"（《论语·宪问》）谓只有天能够真正理解他。

　　既然孔子认为自己所具有的一切包括道德与使命等都是天意，那么，其人性作为其本来就具有的本性，也应是天意，也应是天的"安排"。这么说，孔子的人性根据是"天"，扩而言之，所有人的人性的根据都是"天"。

　　另外，孔子主观上有以仁、德为人性内容的想法，只是苦于无法确证仁、德之于人的内在性而不敢明言。如果孔子的人性内容是仁、德，那么意味着孔子对人性的根源或曰根据是有明确说明的。孔子曰"天生德于予"（《论语·述而》），就是言其德源于天、言其性源于天，扩而言之，人之德皆源于天、人之性皆源于天，天为人性之形上根据。

　　由此可知，孔子所谓的人性内容无论是物欲、食色，还是仁、德，抑或包括物欲、食色与仁、德二者，其人性的形上依据、根源都是天。这可以说是孔子天人关系的思想在人性与天的关系上的体现。

最后，让我们再回到子贡之语："夫子之言性与天道，不可得而闻也。"（《论语·公冶长》）子贡将孔子人性的学说与天道的学说连在一起说，也许是认为孔子的"性与天道"有着内在联系。由于"性"是"人"之性，"天道"是"天"之道，而"人"之一切又源于"天"，"性与天道"如果存在内在联系，只能是人性源于"天道"。这样，人性的根据就是天道。

五、人性的价值指向：善或恶

人性是人所先天具有的，人性的发显体现于人的外在行为之中，体现于自我与他者的关系之中。从道德之维审视人性，或者说将人性纳入道德境域，于是，人性问题便成为道德问题，人性就有其价值指向问题。就人性的价值指向而言，无外乎人性的善恶判断，包括人性善、人性恶、人性无善无恶、人性有善有恶、有性善而有性不善等。就人性的善恶判断而言，是以人性的内容为基点，以人性的实践对他者是否有益或者说对他者有无伤害为依据的。那么，孔子所谓的人性究竟是指向善还是指向恶呢？

我们知道，孔子没有直接言其人性内容，从孔子的相关言论可以大体推论其人性内容客观上乃是物欲、食色。这意味着顺性而行，人性的实践，就是物欲的实现、食色的满足，而物欲的实现、食色的满足常常对他者造成伤害，并因此而违逆道德仁义，孔子由此应该判定人性的价值指向恶，而这是孔子所不愿意看到的。另外，孔子主观上有以仁、德为人性内容的想法、愿望。如果孔子的人性内容被确定为仁、德，那么，顺性而行，人性的实践，就是道德的践履，而道德的践履对他者通常是有益的。这样，孔子由此应该判定人性的价值指向善，而这又是孔子所无法证明的。当然，如果孔子认为人性的内容既包括物欲、食色，又包括仁、德，那么，其人性的价值指向就具有善恶两面，这更是孔子所无法调和的。基于此，孔子不曾明确指出人性的价值指向。

徐复观先生在没有确证孔子之"仁"之于人的先天性、内在性的情形下就说："孔子既认定仁乃内在于每一个人的生命之内，则孔子虽未明说仁即是人性，……实际是认为性是善的。"①认为孔子之"性"就是"仁"，因而孔子判定人性的价值指向善。徐先生的观点虽然有一定的代表性，却是没有学术依据的。

由于孔子在人性内容方面的不确定性，导致其人性的价值指向的不确定性，以至于有的学者认为"孔子不以善恶讲性，只认为人的天性都是相近的"②。这给后世儒家带来迷茫，也带来机遇。孔子之后，孟子将人性的内容理

① 徐复观：《中国人性论史·先秦篇》，上海三联书店2001年出版，第87页。

② 张岱年：《中国哲学大纲》，中国社会科学出版社1982年出版，第183页。

解为仁义礼智，理解为道德，并由此判定人性善；荀子将人性的内容理解为物欲，理解为食色，并由此判定人性恶；孔子之后，孟荀之外的儒家后学讨论人性的无善无恶、有善有恶以及人性的有善有不善等问题。可以说，这都既是对孔子人性学说的透彻解悟，又是对孔子人性学说的发挥、发展。

由上可知，孔子有其人性学说，可惜没有流传下来。究其因可能是孔子只将其人性学说传授给颜回，而颜回早亡，也可能是孔子没有将其人性学说传授给任何弟子。孔子之所以未将其人性学说传授给任何弟子，可能是因为其人性学说并不成熟。孔子论性，虽仅存"性相近也，习相远也"之语，但是通观《论语》，我们还是能分析、推断其人性学说的基本内容的。在孔子看来，人性是人与生俱来的属性，是人的共性；人性的内容客观上是物欲、食色，但是最好是仁、德；人性的根据是天、天道，这是天人关系在人性中的体现。由于孔子不愿意明言物欲、食色是人性的内容，又无力证明人性的内容是仁、德，孔子对于人性的价值指向、人性的善恶没有明确说明。

第三章 孔孟之间的儒家人性世界

　　相比于对孔孟人性学说的持续关注，学术界对孔孟之间的儒家人性学说的研究远远不够，究其因在于孔孟之间的儒家人性学说的史料较少也较为零散。从目前来看，相关史料存于《论衡》、《孟子》、郭店楚墓竹简、上海博物馆藏战国楚竹书中，其中，《论衡》《孟子》中的史料属间接史料，郭店楚墓竹简、上海博物馆藏战国楚竹书中的史料乃直接史料。不过，前者虽属间接史料，但是时间上是相对明确的，后者虽属直接史料，但是时间上是不太明确的。所以，二者各有其优劣之处。

　　就以上史料来看，孔孟之间的儒家人性学说大体可以分为三类、三个阶段来研究，并且彼此之间有重合：《论衡》所记载的孔子弟子及二传弟子的人性学说，主要是宓子贱、漆雕开、世硕、公孙尼子等的人性学说；郭店楚墓竹简、上海博物馆藏战国楚竹书所记载的孔孟之间的儒家人性学说，具体时间不能确定，大体可以判定是孔子二传、三传弟子的人性学说，不太可能是孔子弟子的人性学说；《孟子》所记载的孔孟之间的儒家人性学说，具体时间是可以确定的，可以判断是孔子三传、四传弟子的人性学说，流行于孟子之时，并对孟子人性学说的建构构成"威胁"。而孟子就学于子思之门人，乃孔子四传弟子。

一、宓子贱、漆雕开、世硕、公孙尼子等的人性世界

关于孔子弟子及二传弟子的人性学说的史料，十分匮乏，就目前已知的史料而言，只有孔子弟子宓子贱、漆雕开以及二传弟子世硕、公孙尼子等有明确的人性学说的史料，还属于间接性的史料，存于《论衡·本性》。这样，我们一方面无法确知孔子弟子及二传弟子的人性学说的全貌，一方面又不得不依赖《论衡·本性》所记载的宓子贱、漆雕开、世硕、公孙尼子等的人性学说的史料研究孔子弟子及二传弟子的人性学说。

我们知道，《论衡·本性》虽是王充探讨先秦以及汉代儒家人性学说的论文，但是基于其"人性有善有恶"（《论衡·本性》）而立论，所关注的主要是先秦以及汉代儒家代表人物的人性学说中的人性善恶也即人性的价值指向问题，而对这些人物人性学说中的人性的本质、内容、根据等问题并未作正面的概括与论述。这意味着王充对这些人物的人性学说的概括与论述是不够全面的。

就王充探讨先秦以及汉代儒家人性学说的方法而言，一般是先对其人性学说主要是其中的人性善恶问题加以概述，然后予以评论，分析其得失。这意味着，王充对其人性学说（主要是其中的人性善恶问题）的概述，属于研究其人性学说的间接性史料，为我们研究以宓子贱、漆雕开、世硕、公孙尼子等为代表的孔子弟子及二传弟子的人性学说提供了直接依据；王充对其人性学说（主要是其中的人性善恶问题）的评论、分析，属于王充本人对其人性学说的研究，不属于研究其人性学说的间接性史料，当然也就不是我们研究以宓子贱、漆雕开、世硕、公孙尼子等为代表的孔子弟子及二传弟子的人性学说所需要的史料。问题是，王充对宓子贱、漆雕开、世硕、公孙尼子等的人性学说的概述，也即王充所提供的这些间接性史料是否准确、可靠呢？我们要先作论证。

由于孟子、荀子等有著作流传后世，这些著作记载了其人性学说，使得其人性学说能够为后世所知。我们将孟子、荀子等人性学说中关于人性善恶问题的思想与王充对于孟子、荀子等关于人性善恶问题的概述相比照，可以发现，王充对于孟子、荀子等人性学说中的人性善恶问题的概述是较为准确的。比如，其概述孟子的人性之"善"曰："孟子作《性善》①之篇，以为人性皆善，及其不善，

① 赵岐《孟子题辞》云《孟子》"又有外书四篇：《性善》《辩文》《说孝经》《为政》"，可知，在《孟子》书中原有《性善》篇。（焦循：《孟子正义》，中华书局1987年出版，第15页。）

物乱之也"（《论衡·本性》），其概述荀子的人性之"恶"曰："孙卿有反孟子，作《性恶》之篇，以为'人性恶，其善者，伪也'。性恶者，以为人生皆得恶性也；伪者，长大之后，勉使为善也"（《论衡·本性》），就较为准确。此外，告子的人性学说保存于《孟子》之中，将保存于《孟子》之中的告子的人性学说中关于人性善恶问题的思想与王充对告子人性学说中的人性善恶问题的概述相比照，也可以发现，王充对告子人性学说的概述也是较为准确的。王充概述告子人性学说曰："告子与孟子同时，其论性无善恶之分，譬之湍水，决之东则东，决之西则西。夫水无分于东西，犹人性①无分于善恶也"（《论衡·本性》），与《孟子》所载告子之语："性犹湍水也，决诸东方则东流，决诸西方则西流。人性之无分于善不善也，犹水之无分于东西也"（《孟子·告子上》），在文意与文字层面都十分相像。以此类推，王充对于宓子贱、漆雕开、世硕、公孙尼子等的人性学说中的人性善恶问题的概述，也应该是较为准确的，虽然这些人的著作、这些人的人性学说的直接史料今已不存，我们无法进行比照。这就为我们利用王充关于这些人的人性学说中的人性善恶问题的概述，研究这些人的人性善恶学说、人性学说提供了较为信实的史料。这么说，《论衡·本性》中所存宓子贱、漆雕开、世硕、公孙尼子等的人性学说的史料虽为间接史料，并且还主要是宓子贱、漆雕开、世硕、公孙尼子等的

---

① 性："性"字本无，据文意补。

人性学说中关于人性善恶问题的史料，但毕竟是可信的。

我们来看王充对于虑子贱、漆雕开、世硕、公孙尼子等的人性学说的概述："周人世硕以为人性有善有恶，举人之善性，养而致之则善长；恶性，养而致之则恶长。如此，则情性各有阴阳，善恶在所养焉。故世子作《养性书》一篇。虑子贱、漆雕开、公孙尼子之徒，亦论情性，与世子相出入，皆言性有善有恶。"（《论衡·本性》）

此处，王充对虑子贱、漆雕开、世硕、公孙尼子等人性学说的概述囿于其人性善恶的视角，虽然并不全面、具体，但是至少是客观的、较为准确的。稍显遗憾的是，王充对虑子贱、漆雕开、世硕、公孙尼子等人性学说的概述是围绕其对世硕人性学说的概述而展开的，这就使得其关于虑子贱、漆雕开、世硕、公孙尼子等人性学说的概述并非均衡用力，而是有所侧重；使得其关于虑子贱、漆雕开、公孙尼子等人性学说的概述成为其关于世硕人性学说的概述的"陪衬"，并且语焉不详。

按照王充的描述，虑子贱、漆雕开、世硕、公孙尼子等论"性"时皆"论情性"，似乎认为"性"就是"情性"，有以情为性、将性解读为情之意味。如果果真如此的话，那么，虽不能断定虑子贱、漆雕开、世硕、公孙尼子等皆认为人性的内容一定是人之"情"，至少可以断定其所谓性包括情，情乃性的组成部分。可是，联系世硕所认为的"情性各有阴阳"可知，至少在世硕看来，"情"是情，"性"是性，情与性并非二而一的存在，这样，虑子贱、漆雕开、世硕、公孙尼子等论"性"时皆"论情性"，很可能只是表明二者关系密切，乃至密不可分，以至于"性"中含"情"。这里，涉及儒家对于情、性关系的理解，表明在宓子贱、漆雕开、世硕、公孙尼子等看来，"情"的问题是人性论中的重要问题，纳情于性是其一致的思路。

还有，宓子贱、漆雕开、世硕、公孙尼子等"皆言性有善有恶"。这是说，宓子贱、漆雕开、世硕、公孙尼子等皆从道德的维度审视人性，或者说都将人性问题理解为道德问题，因而都对人性的价值指向作了道德判断，都认为人性的实践对他者既有有利的一面，又有有害的一面，或者说有些情形下、有的时候对他者有利，有些情形下、有的时候对他者有害，所以人性的价值既指向善又指向恶。联系宓子贱、漆雕开、世硕、公孙尼子等论性而言及情，似可推断，宓子贱、漆雕开、世硕、公孙尼子认为人性的实践含有人之"情"的发显，情的发显对他者也具有利与害两面，因而人之情也有善与恶两面。

从宓子贱、漆雕开、世硕、公孙尼子等"皆言性有善有恶"来看，所有人的人性的价值指向都是一样的。由于人性的价值指向在现实层面奠基于人性的内容，或者说决定于人性的内容，可知，在宓子贱、漆雕开、世硕、公孙尼子等看来，人性在内容层面是相同的。由宓子贱、漆雕开、公孙尼子等反对世硕人性之"善恶在所养"的观点来看，宓子贱、漆雕开、公孙尼子等认为人性的价值指向是先天的、不可改变的，由此可以推论，其所谓的人性在本质上就是人的天生的、与生俱来的东西。由世硕所谓人性之"善恶在所养"而不在于"损"的观点来看，人性之善恶在本质上、性质上不可变，可变的仅仅是善恶的"数量"和"程度"，由此也可以推论，世硕所谓的人性在本质上也是人的天生的、与生俱来的东西。这样，虽然在人性之善恶是否可以"养"的方面，虑子贱、漆雕开、公孙尼子等与世硕存在不同，可是在人性的本质上，他们的理解却是相同的，都认为人性就是人的先天的、内在的本性，人性在本质层面是相同的。另外，虽然虑子贱、漆雕开、世硕、公孙尼子等没有言及人性的内容，但是他们都认为所有人的人性的内容是相同的。

从虑子贱、漆雕开、世硕、公孙尼子等"皆言性有善有恶"来看，人性的价值指向不是单向的，而是双向的，并且这双向的价值指向是彼此对立的。基于人性的价值指向决定于人性的内容，可知虽然虑子贱、漆雕开、世硕、公孙尼子未言人性的具体内容，但是我们还是可以推知其所谓的人性的内容包括善的成分与恶的成分、对他者有利的东西与对他者不利的东西。其中的善的成分、对他者有利的东西很有可能就是道德，其核心部分应该就是孔子所言的仁、德；其中的恶的成分、对他者不利的东西很有可能就是感官欲求、生理欲望，其核心部分应该就是孔子所谓的食色、情欲。这是对孔子"吾未见好德如好色者也"（《论语·子罕》《论语·卫灵公》）的感叹的折中解决。

如此，在虑子贱、漆雕开、世硕、公孙尼子等看来，不仅仁、德是人性的内容，食色、情欲也是人性的内容，由人性中的仁、德而有人性之"善"，由人性中的食色、情欲而有人性之"恶"。这样的话，从"性"字的结构来看，虑子贱、漆雕开、世硕、公孙尼子等人所理解的人性中的善的成分、对他者有利的东西论及"性"中的"心"，这"性"中的"心"很可能就是仁、德之类；其所理解的人性中的恶的成分、对他者不利的东西论及"性"中的"生"，这"性"中的"生"很可能就是食色、情欲之类。这样，其所理解的人性内容在人性构成的层面就是完备的，涉及人性的"心""生"两面。

由于虑子贱、漆雕开、世硕、公孙尼子等"皆言性有善有恶"，意味着奠基于人性内容的人性的价值指向有彼此对立、对等的两面，意味着人性内容不仅可以分出善的东西与恶的东西、对他者有利的东西与对他者不利的东西这两种成分，也即分出仁、德与食色、情欲，而且此两种成分是彼此对等、对立的。这样的话，虑子贱、漆雕开、世硕、公孙尼子等所言人性虽然涉及人性中的"心""生"两面，但是这"心""生"两面却是彼此对等、对立的。

世硕与虑子贱、漆雕开、公孙尼子等人人性论的不同之处在于，世硕认为"举人之善性，养而致之则善长；恶性，养而致之则恶长。如此，则情性各有阴阳，善恶在所养焉"，而虑子贱、漆雕开、公孙尼子等则认为人虽有"善性"与"恶性"，但是人性之善恶不在于"所养"。这么说，宓子贱、漆雕开认为人性在价值维度、道德层面有其善恶两面，人性之善恶两面是先天的且不可改变的，这个不可改变包括人性之善恶两面在"质"与"量"两个层面的不可改变，与后天之"养"无关，公孙尼子的人性论是对宓子贱、漆雕开的人性论的继承而没有任何发展、改造。世硕则认为人性在价值维度、道德层面虽有善恶两面，且人性之善恶两面是先天的，因此是不可以消除的，可是人性的善恶是可以改变的，就是说，人性之善恶在"质"的层面不可改变，在"量"的层面却可以改变。不过，这种改变并不体现为善与恶的此消彼长，而是体现为善与恶中一方的增长、壮大而另一方维持原状，从而给人的错觉是另一方萎缩、变弱，而改变的路径是后天之"养"，而不是"损"，因为人性中的善恶只可以通过"养"而增长、壮大，不可以通过"损"而变小、变弱。从"养"的角度看，"养"人之善性则"善长"而恶性不变，"养"人之恶性则"恶长"而善性不变。因此，为了扬人性之善或曰人之善性，抑人性之恶或曰人之恶性，就要"养"人之"善性"。这样，世硕的人性论就是对宓子贱、漆雕开的人性论的发展与改造。这里值得注意的是，世硕人性"善恶在所养"的论述，为人生炼养提供了依据，也表明儒家修身养性，实是以养性为本。

另外，世硕还对人性善恶的根源作了明确的论述，指出了人性善恶的形上依据："情性各有阴阳，善恶在所养焉。"这是说，情与性都不是单一的存在，都有其相互对立且相互依存的阴阳两面，这阴阳两面还是动态的，至于情与性的阴阳两面的动态变化，则决定于后天之"养"。这表明，由于人性的阴阳两面而有人性的善恶两端，由于人性阴阳两面的动态关系而有人性善恶两端的变化；人性善恶两端的变化决定于对其善恶两端的"养"，所谓对人性善恶两端之"养"在根本的意义上就是对人性阴阳两面的"养"；人性善恶两端只能"养"而使之"长"，不能"损"而使之"小"，在根本的意义上就是指人性的阴阳两面只能"养"而不能"损"，只能"长"而不能"小"。这里世硕所言"情性各有阴阳"，有其特别的意义：不仅言明人性的善恶源于人性中的阴阳，而且还有人性中的阴阳乃至人性自身都源于人自身的意味。这么说，人性的根据在于人自己。

与世硕观点相对，虙子贱、漆雕开、公孙尼子等也许也认为"情性各有阴阳"，从阴阳的维度为人性善恶乃至人性中的阴阳、人性自身寻找形上根据，只是认为情、性中的阴阳两面是先天的、不可改变的，人性中的善恶因而是先天的、不可改变的。如果是这样的话，世硕的"情性各有阴阳"就是对虙子贱、漆雕开"情性各有阴阳"的继承与发展，而公孙尼子的"情性各有阴阳"则是对虙子贱、漆雕开"情性各有阴阳"的简单继承。当然，虙子贱、漆雕开、公孙尼子等也许并没有"情性各有阴阳"的论说，如果是这样的话，世硕的"情性各有阴阳"就是自己的独创发明。

由上可知，从《论衡·本性》的记载来看，孔子弟子及二传弟子宓子贱、漆雕开、世硕、公孙尼子等虽有人性学说，囿于直接史料的缺乏以及间接史料的不足，其人性学说中能为我们所知的，就是从人性的价值维度、道德层面看，人性有善有恶，且其善恶是先天的。而人性善恶的先天性，意味着宓子贱、漆雕开、世硕、公孙尼子等所谓的人性在本质上就是人先天的或曰与生俱来的特质，虽然宓子贱、漆雕开、世硕、公孙尼子等没有明言。关于人性的有善有恶，宓子贱、漆雕开、公孙尼子等认为在"质"和"量"两个层面都是后天人为所不可改变的，世硕则认为在"量"的层面是可以通过后天人为加以改变的，并且其变化是单向度的，只可以"长"。由于宓子贱、漆雕开、世硕、公孙尼子等认为人性有善有恶，人性中必有导致人性善恶的内容，这意味着宓子贱、漆雕开、世硕、公孙尼子等所言的人性，其内容包括"善"的成分与"恶"的成分、"利他"的东西与"利己"的东西，并且是彼此对等、对立的，很有可能就是仁、德与食色、情欲，虽然宓子贱、漆雕开、世硕、公孙尼子等未言及。此外，宓子贱、漆雕开、世硕、公孙尼子等论述人性，都将"性"与"情"相连，预示了儒家人性学说的"情"缘。还有，"情性各有阴阳"说的提出，虽是从阴阳的维度为人性善恶寻找形上根据，其实也是从阴阳的维度为人性本身寻找形上根据，这是值得注意的。由于阴阳内在于人自身，可知这种形上根据是内在于人的。这种思维方式开启了儒家人性具有内在根据的理论模式，或者说人性根据内在化的模式。

二、郭店儒简的人性世界

关于孔子二传、三传弟子的人性学说的史料，目前能够发现的，主要集中于郭店楚墓竹简中的《性自命出》、上海博物馆藏战国楚竹书中的《性情论》。所以，一方面我们无法知道孔子二传、三传弟子的人性学说的全貌，一方面又只能主要依据《性自命出》《性情论》研究孔子二传、三传弟子的人性学说。

比照《性自命出》与《性情论》的文意与文字可知，二者在文意乃至文字上基本一样，实属一文，异名而同实；二者的区别主要在于"用字的不同""分章的不同""文句简繁不同"①。基于此，考虑到郭店楚墓竹简比上海博物馆藏战国楚竹书较早出版，《性自命出》比《性情论》较早为学界所知，笔者主要以《性自命出》为据，兼及郭店楚墓竹简中的其他儒家文献，论述郭店楚墓竹简和上海博物馆藏战国楚竹书所代表的孔子二传、三传弟子的人性学说。

关于人性的本质，孔子的二传、三传弟子没有明言。

---

① 马承源：《上海博物馆藏战国楚竹书（一）》，上海古籍出版社2001年出版，第218页。

从其"有性有生乎生"（《郭店楚墓竹简·语丛三》）①来看，应是认为"性"的本义就是"生"，因此可以从"生"的维度理解"性"。"性"在哲学意义上指人生来就有或者说天生就有的东西。这么看，孔子二传、三传弟子实际上是从"生"也即"出生"的维度理解"性"，只是没有用定义式的文字明确界定之。庞朴解读"有性有生"曰："本来性就是生，生就是性，当时一般大概都是如此理解的。"②其实这是对"有性有生"的误读，以为这仅是指文字层面的"性"就是"生"（出生），而没有看到此话是从"生"的维度理解"性"，因而没有看到此话所具有的哲学意义。"性"的含义从"生"（出生）到生来就有或者说天生就有的东西的转变，是质的变化，是"性"字由简单的单纯词质变为哲学范畴的标志。

再说，虽然孔子二传、三传弟子没有明言人性的本质，从其相关论述，我们也是能够"体贴"出来的。其"四海之内，其性一也，其用心各异，教使然也"（《郭店楚墓竹简·性自命出》），将"性"与"教"相对，从"性"与"教"相比较的维度讨论"性"，认为人性是与教化、教育相对的存在。由于"教"是外在的、后天的、自觉的行为，并且"教"也是可以改变、变化的，与此相

①　本书凡引郭店楚墓竹简，均出自荆门市博物馆：《郭店楚墓竹简》，文物出版社1998年出版。

②　庞朴：《孔孟之间——郭店楚简中的儒家心性说》，载《国际儒学研究》第六辑，中国社会科学出版社1999年出版，第236页。

对，人性就应该是先天的或曰与生俱来的，并且是内在的、自然的、不可改变的存在。从"四海之内，其性一也"来看，孔子二传、三传弟子还认为所有人的人性不仅在本质层面是相同的，而且在内容层面也是相同的，至于人在道德、知识等方面的不同、差异，则是"其用心各异，教使然也"的结果，与人性无关。这无疑是对孔子"性相近也，习相远也"思想的借鉴与发展。

再从"凡人虽有性，心亡奠志，待物而后作，待悦而后行，待习而后奠"（《郭店楚墓竹简·性自命出》）的表述来看，孔子二传、三传弟子认为人人皆有"性"，但是心之"志"却需要"物""悦""习"的作用才能最终确定下来。由此可以推断，在孔子二传、三传弟子那里，"性"与心之"志"相对。由于心之"志"决定于外在的、后天的"物""悦""习"等，而这外在的、后天的"物""悦""习"等又是变化的，因此，心之"志"虽是自内而外，由心而发，但是其本身具有不确定性，且被外在于己的"他者"所左右，与此相对，人性就应该是先天的、内在的、必然的、确定性的存在。孔子二传、三传弟子这种关于人性本质的曲折论述，无疑也是对孔子"性相近也，习相远也"思想的借鉴与发展。

既然人性是人的先天的、内在的、不可改变的本性，那么，人性的内容是什么？孔子二传、三传弟子曰："善不［善，性也］。"①（《郭店楚墓竹简·性自命出》）这是说，人性的内容包括"善"的东西和"不善"的东西。至于这"善"的东西和"不善"的东西的具体所指，孔子二传、三传弟子有多处明确、直接的论述，我们抄录于此："喜怒哀悲之气，性也""好恶，性也""哀、乐，其性相近也""道始于情，情生于性""仁，性之方也。性或生之。忠，信之方也。信，情之方也。情出于性""礼作于情"（《郭店楚墓竹简·性自命出》）；"情生于性，礼生于情，严生于礼，敬生于严""欲生于性，虑生于欲""爱生于性，亲生于爱，忠生于亲""喜生于性，乐生于喜，悲生于乐""恶生于性，怒生于恶""智生于性"（《郭店楚墓竹简·语丛二》）。这既是说，由人之性而有"情""欲""智""礼""德"等，人性是"情""欲""智""礼""德"等发生的内在根据，又是说人之性是由

① 此句在《性情论》中是完整的，没有残缺。丁四新认为此句"是说性有善、不善之分，是在性的基础上，对性做进一步的价值判断"（丁四新：《郭店楚墓竹简思想研究》，东方出版社2000年出版，第177页），郭沂认为此句"谓性有善，有不善"（郭沂：《郭店竹简与先秦学术思想》，上海教育出版社2001年出版，第233页），梁涛认为此句"是说性可以善，也可以不善"（梁涛：《郭店竹简与思孟学派》，中国人民大学出版社2008年出版，第145页），都是认为此句是从价值维度对人性所作的价值判断，他们忽视了先秦儒家对人性作价值判断，都是"性"字在前，"善""不善""恶"等字在后，而先秦儒家论述人性的内容一般是"性"字在后。比如告子所谓"食色，性也"，论述的就是人性的内容。"善不［善，性也］"，论述的应是人性的内容。

"情""欲""智""礼""德"等所构成,"情""欲""智""礼""德"等构成人性的内容,其中,"情"包括喜、怒、哀、悲、好、恶、乐、爱等所有的"情","欲"包括所有的"欲","智"包括"虑"等所有的"智","德"包括仁、忠、信、敬、严等所有的"德"。因为人性是"情""欲""智""礼""德"等发生的内在根据,所以孔子二传、三传弟子判定人性的内容便由"情""欲""智""礼""德"等所构成。当然,我们也可以说,因为"情""欲""智""礼""德"等构成人性的内容,所以孔子二传、三传弟子认定其直接或间接"生于性""出于性",这同时也为"情""欲""智""礼""德"等的产生找到了人性根据。这样的话,人性中"善"的东西指"智""礼""德"等,人性中"不善"的东西指"情""欲"等;这样的话,从"性"字的结构来看,孔子二传、三传弟子所谓的人性中的"不善"的东西或者说"情""欲"论及"性"中的"生",其所谓的人性中的"善"的东西或者说"智""礼""德"论及"性"中的"心",其人性内容在人性构成的层面就是完备的,兼顾了人性的"心""生"两面。

人性是人先天具有的内在本性,人性的内容包括"善"的东西与"不善"的东西,是"情""欲""智""礼""德",那么,人性从何而来?或者说,人性的内容从何而来?对此本原式的追问,需要从人性之"外"寻找答案。孔子二传、三传弟子对此也有论述。从孔子二传、三传弟子所云"喜怒哀悲之气,性也"(《郭店楚墓竹

简·性自命出》）来看，不仅喜怒哀悲等"情"有其
"气"，"欲""智""礼""德"等也应有其"气"；不仅
"情"之"气"乃"性"也，"欲""智""礼""德"之
"气"也应乃"性"也。这表明，人性的物质基础应该是
"气"，"气"乃人性、人性内容的形上根据或者说本原。
进一步，人的物质基础也应该是"气"，"气"乃人的构成
者、人的形上根据或者说本原。扩而言之，天地万物的物
质基础也应该是"气"，"气"乃天地万物的构成者、天地
万物的形上根据或者说本原。这样，反过来从本原的高度
理解"气"，"气"是天地万物以及人类的本原，从而才能
成为人性、人性内容的形上根据或者说本原。而孔子二
传、三传弟子的这种观点影响了孟子关于"性""气"关
系的论述①。另外，从孔子二传、三传弟子所云"性自命
出，命自天降"（《郭店楚墓竹简·性自命出》）来看，
人性直接来源于"命"，并通过"命"而最终根源于
"天"。这是说，"天"之所赋予人者，从主宰的角度看就
是外在于人的"命"，从人自身的角度看就是内在于人的
"性"，从"性""命"关系的角度看就是"命"之于人的
内在化——"性"。将人性的根源追溯于"天"，无疑是对
孔子"天生德于予"（《论语·述而》）的观点与思维方
式的发挥。人性的本原、形上根据既是"气"，又是
"天"，那么，"气"与"天"存在何种关系？二者为何同

---

① 参见陆建华：《孟子之气论——兼及心、性、气三者的关
系》，《中原文化研究》2015年第5期，第24—32页。

为人性的根源？孔子二传、三传弟子对此没有明确的论述。也许在孔子二传、三传弟子看来，"天"是人的至上主宰，而"气"是人的物质基础，二者分属宗教与哲学世界，互不干涉，又各司其职，无须赘述。值得注意的是，这里，由于"气"与"天"都外在于人，人性根源于"气"、根源于"天"，这种思维方式开启了儒家探讨人性具有外在根据的模式，或者说人性根据外在化的模式。

从道德之维审视人性，人性于是有其价值指向，因而有其善恶问题。孔子二传、三传弟子认为人性善："未教而民恒，性善者也。未赏而民劝，含福①者也。"（《郭店楚墓竹简·性自命出》）这是说，不需要进行教育、教化，民众顺性而为，自然就有恒心，自然就向善，这是因为人性是善的；不需要进行奖励、奖赏，民众顺性而为，自然就努力进取，这是因为民众贪图富裕乃至富贵。这里，孔子二传、三传弟子不仅认为人性的价值指向"善"，而且还立足于人性之"善"论述"未教而民恒"之缘由。这里值得注意的是，孔子二传、三传弟子还基于性善立场论说性善与求利是统一的。在孔子二传、三传弟子看来，追求富裕、富贵也是出于本性，具体说来，出于本性中的"情""欲"，追求富裕、富贵本身没有善恶之分，从追求

---

① "含福"之"福"，裘锡圭认为"疑当读为'富'"（荆门市博物馆：《郭店楚墓竹简》，文物出版社1998年出版，第183页），李零进而认为"含福"之"含"当作"贪"（李零：《郭店楚简校读记》，北京大学出版社2002年出版，第110页）。裘、李所言极是。

富裕、富贵的过程与后果来看，以人性中的"智""礼""德"等为指导，并不影响他人、并不影响社会，还有利于他人、有利于社会，因而这种求利也是"善"的。这也与孔子"不义而富且贵，于我如浮云"（《论语·述而》）的主张有一致性。"富且贵"的追求如果合乎"义"，对他人、对社会有利，就值得追求、值得拥有。

由此我们回过头来看孔子二传、三传弟子关于人性内容的论述，就会发现，虽然孔子二传、三传弟子认为人性由"情""欲""智""礼""德"等所构成，人性的内容是"情""欲""智""礼""德"等，但是"情""欲"与"智""礼""德"等在人性中的地位是不同的，前者天然接受后者的指导、受后者所约束。这样，人性的内容虽然有"情""欲"与"智""礼""德"这两种存在，但是二者既不是对立的，也不是对等的；孔子二传、三传弟子所言人性虽然涉及人性中的"心""生"两面，但是这"心""生"两面是和谐的，其中又有主从之分——"心"居主导地位，"生"居从属地位。

还有，孔子二传、三传弟子虽然认为人性善，但是又提出"凡动性者，物也；逢性者，悦也[①]；交性者，故也；厉性者，义也；出性者，势也；养性者，习也；长性者，

---

① "逢性者，悦也"之"逢"，郭沂认为依李零应释为"逆"，但是李零认为此"逆"是"逆顺"之"逆"，"与'顺'字相对"，郭沂对此没有注意，将此"逆"解读为"迎受"，应是疏忽了。（郭沂：《郭店竹简与先秦学术思想》，上海教育出版社2001年出版，第238页。）

道也。"①（《郭店楚墓竹简·性自命出》）这是说，人性本善，可是人性发于外，与外物相接、相交，易被"悦""势"等所干扰，从而造成人性本善而人的行为"恶"，为此，人性的发显需要有外在的"道""义"作指导，需要人自身的"习"加以养护，使得人性的发显不受干扰，使得人性之善可以化为人之行为之"善"。这里，孔子二传、三传弟子居于性善立场，解答人性善而有的人的行为恶的问题，同时，又据此说明人生炼养的重要性。此与孟子主张性善，同时又强调"存其心，养其性"（《孟子·尽心上》）的思维是一致的，而与世硕所谓人性之"善恶在所养"（《论衡·本性》）的观点是根本不同的，虽然他们都强调人性之"养"。由此可知，世硕的"养性"之善恶，被《性自命出》的作者创造性转化为养护人性自身，《性自命出》作者的"养性"被孟子直接继承并发挥。

此外，孔子二传、三传弟子虽然总体上认为"四海之内，其性一也，其用心各异，教使然也"（《郭店楚墓竹简·性自命出》），人性在本质与内容的层面都是相同的，但是也有孔子二传、三传弟子有"圣人之性与中人之性，

① 李零认为此段文字中，"逢"当释为"逆"，"出"当释为"绌"。（李零：《郭店楚简校读记》，北京大学出版社 2002 年出版，第 108 页。）

其生而未有非之节于而也①，则犹是也"②（《郭店楚墓竹简·成之闻之》）之说，认为人性虽然在本质层面是相同的，但是在内容的层面却是不同的，至少可以分出"圣人之性""中人之性"以及中人以下者的性，并且三者是先天的，生来就是如此的。这是由于孔子二传、三传弟子虽同属儒家，但是各人的观点又是有差别的。由"圣人之性"、"中人之性"、中人以下者的性的划分，以及圣人的道德至善、中人的道德上的善恶摇摆、中人以下者的违背道德，大体可以推知，圣人之性由"仁""德"构成，涉及"性"字中的"心"，其价值指向"善"；中人之性由"仁""德"与"情""欲"构成，涉及"性"字的"心""生"两面，其价值既可指向"善"，又可指向"恶"；中人以下者的性由"情""欲"构成，涉及"性"字中的"生"，其价值指向"恶"。

由上可知，从以《性自命出》为代表的郭店楚墓竹简中的儒家简来看，孔子二传、三传弟子总体上认为人性在本质与内容层面都是同一的，人性指人的先天的、内在的

---

① 李零认为此句中，"之"当作"志"，"节"当作"次"，"而"似应作"此"；并且此句应分作两句："其生而未有非志"，"次于此也"，所言甚是。（李零：《郭店楚简校读记》，北京大学出版社2002年出版，第124页。）

② 此段文字，李零认为"原文是说，圣人与中材之人在人性上是相似的，他们生下来都没有什么坏心眼，中材以下的人，情况也是一样的"（李零：《郭店楚简校读记》，北京大学出版社2002年出版，第124页）。这种理解，正好理解反了。

存在，是不可改变的，人性的内容包括"情""欲""智""礼""德"等，涉及"性"字的"心""生"两面；人性的价值指向"善"，人性中情欲的满足合乎"德""礼"等的要求；人性的形上根据是外在于人的"气"与"天"。孔子二传、三传弟子中也有人认为人性在本质上是同一的，在内容上则是不同的，因而，不同的人有不同的"性"，就是说，圣人、中人、中人以下者各有其性。由此，三者在人性的价值指向、人性的善恶方面也就不同。此外，从"四海之内，其性一也，其用心各异，教使然也"以及"凡人虽有性，心亡奠志，待物而后作，待悦而后行，待习而后奠"诸语来看，孔子二传、三传弟子"性""心"并用，值得注意。虽然仅从上述史料我们很难看出其所言"性"与"心"究竟有怎样的一种内在关联，只能看出"性"是确定的、不受外在因素所影响的，而"心"是不确定的、受外在因素所影响的，但是其论"性"而论及"心"，并将"心"列为与"性"对等的概念，引入人性论的讨论，对孟子立足于"心"而论人性之善，将人性论发展为心性论，肯定是有启发的。

三、"性可以为善，可以为不善"者与
"有性善，有性不善"者的人性世界

孟子是孔子的四传弟子，在孟子建构其人性学说时，既得到来自儒家内部的"给养"，又遭遇来自儒家内部所设置的"障碍"，这"给养"与"障碍"主要是孔子三传、

四传弟子的人性学说，它们构成了孟子建构其人性学说的"背景"。关于孟子建构其人性学说时从儒家内部所直接得到的"给养"，没有相关的记载，但是其建构人性学说时在儒家内部所直接遭遇的"障碍"，却有明确的记载，这记载就存于《孟子》之中。

由于孔子三传、四传弟子的人性学说的史料的极度缺乏，就目前所知的史料来说，仅存于《孟子》中，并且还属于间接史料，使得我们不可能确知孔子三传、四传弟子人性学说的整体"图景"，只能依靠《孟子》中所存的这些相关史料研究孔子三传、四传弟子的人性学说。

《孟子》所载孔子三传、四传弟子的人性学说，有两处。一处是通过告子①与孟子的人性之辩呈现出来，一处是由孟子弟子公都子说出来。我们先看公都子所言，并据此研究告子以外的其他孔子三传、四传弟子的人性学说。公都子曰："告子曰：'性无善无不善也。'或曰：'性可以为善，可以为不善，是故文、武兴则民好善，幽、厉兴则民好暴。'或曰：'有性善，有性不善，是故以尧为君而有象，以瞽瞍为父而有舜，以纣为兄之子且以为君而有微子启、王子比干。'今曰'性善'，然则彼皆非与？"（《孟子·告子上》）

公都子所言的这些不同于孟子同时又流行于孟子之时

① 告子是儒家人物。参见陆建华：《告子哲学的儒家归属——人性的道德化研究及其它》，《文化中国》2003年第3期，第85—89页。

的儒家人性学说，虽然表面上看不知其产生于何时，但是属于孔子三传、四传弟子的人性学说，是有证据的。其一，这些人性学说不同于以虑子贱、漆雕开、世硕、公孙尼子等为代表的孔子弟子及二传弟子的人性学说，也不同于以《性自命出》《性情论》等为代表的孔子二传、三传弟子的人性学说，只可能是孔子三传、四传弟子的人性学说。其二，公都子对"性可以为善，可以为不善""有性善，有性不善"等观点的持有者，已不知其名，很可能这些人与公都子在时间或地域上有些"距离"，使得其不为公都子所知。当然，这些人之所以不为公都子所知，也许是因为这些人也不为孟子所知。这意味着这些人要么是孔子三传弟子，要么是孔子四传弟子，并且都年长于孟子，其人性学说也早于孟子。其三，公都子所言的告子，与孟子同时，并与孟子就人性等问题有过激烈的辩论，似与孟子一样是孔子的四传弟子。从其被称作"子"来看，应年长于孟子。当然，从其被称作"子"来看，也有可能是孔子的三传弟子，比孟子辈分高，虽然这种可能性并不大。不过，即便是孔子的三传弟子，也是其中年幼者。

就公都子所言，需要注意的是，公都子虽然用了"告子曰""或曰"之类，表面上看似乎是直接引用了告子以及告子以外的其他孔子三传、四传弟子的话语，实际上却是对告子以及其他孔子三传、四传弟子关于人性善恶的观点概述。比如，告子曰："人性之无分于善不善也"（《孟子·告子上》），公都子将之概括为"性无善无不善也"

（《孟子·告子上》）。这里，这种概述是客观而准确的。由于公都子对于告子关于人性善恶问题的观点的概括是客观而准确的，我们据此也可推断公都子对于告子以外的其他孔子三传、四传弟子关于人性善恶问题的观点的概括也应是客观而准确的。至于公都子对于告子以及告子以外的其他孔子三传、四传弟子关于人性善恶问题的观点之所以能够作客观而准确的概括，而不作"修饰"甚至"修改"，尤其是不从维护师门的角度作"修饰""修改"乃至曲解、贬斥，不仅在于其熟悉告子以及告子以外的其他孔子三传、四传弟子关于人性善恶问题的观点，更在于公都子是在向其老师孟子表达其对"性善"之说的疑虑，必须把与"性善"之说相对的儒家内部其他人性学说客观地表达出来。还有，公都子概括孔子三传、四传弟子的人性善恶的观点，孟子没有纠正，而是直接解答公都子的疑虑曰："乃若其情，则可以为善矣，乃所谓善也。若夫为不善，非才之罪也……"（《孟子·告子上》）这说明公都子的概括不仅客观而准确，并且还得到了孟子的认可。这说明，公都子所言上述孔子三传、四传弟子的人性学说，表面上看是研究孔子三传、四传弟子人性学说的直接史料，实属间接史料，不过，这间接史料是真实、可靠的。

当然，我们说公都子对于告子以及告子以外的其他孔子三传、四传弟子关于人性善恶问题的观点的概括是客观而准确的，并不意味着这种概括不会造成"歧义"，不会给后人对此概括的解读造成"误读"。比如，告子的"人性之无分于善不善也"，被公都子概括为"性无善无不善也"，因省略了其中的"分"字，就被有的学者理解为二者有异："无分善不善，是说没有善与不善之分际；无善无不善，近似于说无所谓善与不善。"①

由于公都子在此并不是全面讨论孟子人性论与孔子三传、四传弟子人性学说之异同，更不是单独讨论孔子三传、四传弟子人性学说，而是仅仅讨论孟子人性论中"性善"之说与孔子三传、四传弟子人性学说中关于人性善恶之说之区别，是对孟子的性善论不同于孔子三传、四传弟子人性学说中关于人性善恶的观点表示担忧、疑虑，这就客观上限制了公都子对于孔子三传、四传弟子的人性学说的表述，而局限于对孔子三传、四传弟子的人性学说中关于人性善恶问题的表述，也即局限于从道德层面、价值指向的维度讨论孔子三传、四传弟子的人性学说，而未及孔子三传、四传弟子人性学说中关于人性的本质、内容、根据等方面。这就使得公都子关于孔子三传、四传弟子人性学说的表述虽然客观、准确，但是并不完整，而有陷于局部、片面之遗憾。不过，即便如此，我们还是能够管中窥豹，从中看出孔子三传、四传弟子人性学说的某些方面的大致框架。

我们先看"性可以为善，可以为不善，是故文、武兴

---

① 刘悦笛：《原典儒学人性论："自然—使然"架构——以告子、孟子与荀子之辩为考察中心》，《南京社会科学》2016年第8期，第41页。

则民好善，幽、厉兴则民好暴"，从其表层结构看，"性可以为善，可以为不善"是"因"，"文、武兴则民好善，幽、厉兴则民好暴"是"果"；从其深层结构看，"文、武兴则民好善，幽、厉兴则民好暴"是"因"，"性可以为善，可以为不善"是"果"。从其中的"性可以为善，可以为不善"来看，孔子三传、四传弟子中持这种观点的人认为所有人的人性都是相同的，这种相同包括人性的本质层面与内容层面，人性本身是没有所谓善与不善的，或者说，人性在本质、内容上是没有所谓善与不善之分的，但是人性的发显、人性的践行却有其善与不善之分、有其价值指向，并且其善与不善、其价值指向是不确定的，既可以走向善，也可以走向不善。究其因，在于人性的发显、践行既需要先天之"性"，又需要后天之"为"，其中，后天之"为"左右人性的发显、践行的"方向"。这说明，人性是先天的、自然的，人性的善与不善却是后天的、人为的；人性的善与不善决定于人的外在的、后天的人为因素，而不决定于人的内在的、先天的因素。从其中的"文、武兴则民好善，幽、厉兴则民好暴"来看，决定人性走向善与不善的这外在的、后天的人为因素主要是政治的、社会的因素，而不是个人的个体因素。这说明，人性的善与不善在质的意义上不是决定于个体自身的孤立的个人行为，而是决定于个体生存的政治与社会环境。这明显具有环境决定论之意味。

我们再来看"有性善，有性不善，是故以尧为君而有象，以瞽瞍为父而有舜，以纣为兄之子且以为君而有微子启、王子比干"。同样的，从其表层结构来看，"有性善，有性不善"是"因"，"以尧为君而有象，以瞽瞍为父而有舜，以纣为兄之子且以为君而有微子启、王子比干"是"果"；从其深层结构看，"以尧为君而有象，以瞽瞍为父而有舜，以纣为兄之子且以为君而有微子启、王子比干"是"因"，"有性善，有性不善"是"果"。从其中的"有性善，有性不善"来看，孔子三传、四传弟子中持这种观点的人认为所有人的人性虽然在本质层面是相同的，但是在道德层面、价值维度却并不是同一的，不同的人的人性的价值指向虽然是确定的，但是又是不同的，有的人的人性价值指向"善"，有的人的人性价值指向"不善"。从其中的"以尧为君而有象，以瞽瞍为父而有舜，以纣为兄之子且以为君而有微子启、王子比干"来看，人性的善与不善是先天的、与生俱来的，决定于人性自身，与外在的、后天的人为因素例如政治的、社会的因素无关。由于人性的价值指向决定于人性的内容，由人性的价值指向的不同，我们可以判断，孔子三传、四传弟子中认为"有性善，有性不善"者，其所谓的人性的内容也是不同的。

通过对以上的告子以外的孔子其他三传、四传弟子的有关人性论的史料的分析，我们只能看出这些人关于人性的价值指向、人性的善恶的直接论述，而没有看到其关于人性的本质、内容、根据等的直接论述，但是从公都子是将这些人所言的人性与孟子所谓的人性相比较，而述说这些人所言的人性与孟子所谓的人性在道德层面、价值指向的维度的不同来看，其逻辑前提就是二者所谓的人性在本质层面的"同"，否则，如果二者对人性的理解是不同的，这种比较就没有任何意义与必要。而从孟子关于人性本质的讨论来看，孟子认为人性就是人的先天的、与生俱来的本性。这么看，这些人所言的人性，其本质也应是人的先天的、与生俱来的本性。再说，在孔子的三传、四传弟子中，告子的人性学说也被公都子拿来同孟子的人性学说相比较，告子曾言人性的本质曰"生之谓性"（《孟子·告子上》），明言人性就是人的先天的、与生俱来的本性，相应的，孔子三传、四传弟子中，其他人所言的人性的本质也应与告子相同。

　　由于人性的善恶的不同奠基于人性内容的不同，从"性可以为善，可以为不善"来看，孔子三传、四传弟子中持这种观点的人认为人性在内容上是没有所谓善恶之分的，但是包括"善"的、"利他"的东西与"不善"的、"利己"的东西。这"善"的、"利他"的东西很可能就是"仁""德"之类，而这"不善"的、"利己"的东西很可能就是情欲之类；人性中"善"的东西、"利他"的东西因外在因素而得到"表现"就会走向"善"，"不善"的东西、"利己"的东西因外在因素而得到"表现"就会走向"不善"。这么说，从"性"字的结构来看，孔子三传、四传弟子中持这种观点的人，其人性中的"善"的东西、"利他"的东西论及"性"中的"心"，其人性中"不善"

的东西、"利己"的东西论及"性"中的"生"，其人性内容在人性构成的层面就是完备的，涉及了人性的"心""生"两面。遗憾的是，仅从"性可以为善，可以为不善"，我们无法"破译"孔子三传、四传弟子中持这种观点的人所言的人性，其人性根据是什么。从"有性善，有性不善"来看，孔子三传、四传弟子中持这种观点的人认为，有的人的人性是善的，其人性内容由"善"的东西、"利他"的东西所构成，这"善"的东西、"利他"的东西很可能就是"仁""德"之类，所以顺性而为就会自然地走向"善"；有的人的人性是"不善"的，其人性内容由"不善"的东西、"利己"的东西所构成，这"不善"的东西、"利己"的东西很可能就是情欲之类，所以顺性而为就会自然地走向"不善"。这样，从"性"字的结构来看，孔子三传、四传弟子中持这种观点的人认为"性善"者的人性属于"性"中的"心"，"性不善"者的人性属于"性"中的"生"。虽然客观上这些人的人性内容在人性构成的层面就是有缺陷的，都只涉及了人性的"心""生"两面中的一面，但是孔子三传、四传弟子中持这种观点的人并不这么认为。同样，遗憾的是，仅从"有性善，有性不善"，我们无法"破译"孔子三传、四传弟子中持这种观点的人所言的人性，其人性根据是什么。

由此可见，从《孟子·告子上》的记载来看，孔子三传、四传弟子中，持"性可以为善，可以为不善"者以及持"有性善，有性不善"者都认为人性是人的先天本性，前者将人性内容设定为"善"的东西与"不善"的东西、"利他"的东西与"利己"的东西，也即仁义之类的"德"与情欲之类的生理欲望，涉及"性"字的"心""生"两面，由此出发，判定人性可以走向善，也可以走向不善，其因在于后天之"为"；后者认为有的人的人性内容由"善"的东西、"利他"的东西也即仁义之类的"德"所构成，其所谓的"性"只论及"性"中的"心"，由此出发，人性就是善的，有的人的人性内容由"不善"的东西、"利己"的东西也即情欲之类的生理欲望所构成，其所谓的"性"只论及"性"中的"生"，由此出发，人性就是不善的。这样，前者认为人性的善与不善源于后天的因素，由后天之"为"所决定，后者认为人性的善与不善是先天的，与后天的人为因素没有关联。

四、告子的人性世界

在孔子的三传、四传弟子中，告子是相对幸运的。虽然没有自己的著作传世，但是毕竟有思想存于《孟子》之中。不过，《孟子》中所载告子之思想既不是对告子所有思想的完整记述，也不是对告子某一方面思想的完整记述。当然，所记载的方式既不是直接引用，也不是客观叙述，而是从孟子与告子论辩的角度记载之，并且这种从孟子与告子论辩的角度所记载的告子的思想明显是经过剪裁的，剪裁的痕迹体现在孟子与告子的每一次论辩所留下的文字都不完整，孟子与告子论辩的每一个论题都以孟子的胜利、告子的失败并忽然转移论题而告终。这就不难理解《孟子》记载告子的人性学说，是以孟子与告子依次就人性的价值指向、人性的本质、人性的内容进行论辩的形式出现，而且告子总是"输家"。就人性学说的逻辑结构而言，其逻辑起点应是人性的本质，然后才是人性的内容，而人性的价值指向应是其逻辑终点。这么看，《孟子》所记载的孟子与告子关于人性学说的论辩，不仅每一个片段都经过剪裁，而且拼接的逻辑顺序也有误。

由于《孟子》所记载的告子的人性学说是经过剪裁的，其所记载的告子的人性学说就是不完整的；由于告子与孟子就人性问题进行论辩，告子总是被描绘成"输家"，其所记载的告子的人性学说很有可能还是被改动过的。这么说，这些看似直接表达告子人性学说的史料，实质上却是间接性史料。这对于我们认识告子人性学说的全貌造成"麻烦"，形成"障碍"。不过，好在《孟子》所记载的告子的人性学说，或者说其所记载的告子与孟子关于人性问题的论辩是较为丰富的，并且还是多方面的，我们还是能够根据这些记载大体认识告子人性学说中最基本的方面与内容。

我们来看告子的人性学说。关于人性的本质，告子云"生之谓性"（《孟子·告子上》），从"性"的本义"生"也即"出生"的维度加以界定，直言人性在本质上是指人"出生"时就有的"东西"，这"东西"就是人的与生俱来的本性。这是儒家人性学说发展史上第一次对于人性本质的直接、明确并且准确的界定，也是告子对于其之前的儒家人物关于人性本质的理解所作的定义式解读与总结。这其中，受孔子二传、三传弟子"有性有生乎生"（《郭店楚墓竹简·语丛三》）的说法影响最大。告子之后的儒家人物无论其人性学说呈现怎样的变化，对于人性本质的界定都与告子是一致的。

关于人性的内容，告子云"食色，性也"（《孟子·告子上》），认为人性的内容无外乎人的以"食色"为核心的生理欲望、感官欲求。针对孟子将以仁义为核心的道德规范纳入人性之中，将其视为人性的内容，告子批评道："性犹杞柳也，义犹桮棬也，以人性为仁义，犹以杞柳为桮棬。"（《孟子·告子上》）这是以杞柳与桮棬的关系类比人性与仁义的关系，论证仁义并非人性的内容，不是人性的构成者。这里，告子认为虽然杞柳与桮棬有着联系，这种联系体现在由杞柳可以制成桮棬，但是杞柳本身不是桮棬，相比于杞柳，桮棬还是人为的东西；同理，人性与仁义也有着联系，这种联系体现在由人性可以产生仁义，但是人性本身不是仁义，相比于人性，仁义还是人为的东西。这就是说，人性是先天的、自然的东西，而仁义是后天的、人为的东西，因而人性内容只能是"食色"之类人的天生的、最基本的欲望，并非仁义等道德规范；虽然人性与仁义等的产生有着联系，但是人性是人性，仁义是仁义，二者根本不同，不可混为一谈。

面对告子的批评，孟子回复曰："子能顺杞柳之性而以为桮棬乎？将戕贼杞柳而后以为桮棬也？如将戕贼杞柳而以为桮棬，则亦将戕贼人以为仁义与？率天下之人而祸仁义者，必子之言夫！"（《孟子·告子上》）这是说，告子所谓由杞柳而有桮棬、杞柳可以制成桮棬，表面上看有两重含义，一重是顺应杞柳之性而制成桮棬，一重是残害杞柳之性而制成桮棬，实际上指的是残害杞柳之性而制成桮棬。在告子本人看来，不仅杞柳不是桮棬，杞柳也不可能自然地长出桮棬；用杞柳制造桮棬就是折断并扭曲杞柳枝条，用以制造桮棬，这对于杞柳以及杞柳的枝条来说都是伤害。所以，孟子此处解读告子用"杞柳而以为桮棬"，实际上就是指"戕贼杞柳而以为桮棬"，这是准确的，虽然孟子在语言层面用的是疑问的方式。这么看，告子虽以杞柳与桮棬的关系论述人性与仁义的关系，认为由人性而有仁义、人性可以产生仁义，实质上就是认为"戕贼人以为仁义"，损害人性成就仁义，而孟子对之也是有准确把握、领会的，所以孟子才会站在自己的人性学说立场，立足于"以人性为仁义"的角度，批评告子曰"率天下之人而祸仁义者，必子之言夫"。当然，这里孟子认为告子的损害人性才能产生仁义的观点是对仁义本身的损害，也是对天下人关于仁义的认知的损害，这种对告子的批评有越出学术本身而进行人身攻击之嫌疑。由此可以看出，告子和孟子都认为由人性而有仁义，二者不同的是，前者认为人性与仁义的联系是人为的、外在的，并且仁义还压抑、摧残人性，所以损害人性才有仁义，而后者认为人性与仁义的联系是先天的、内在的，并且仁义还是人性的内容、人性的构成者，所以顺应人性就有仁义。顺便说一句，告子"戕贼杞柳而以为桮棬"、损害人性而产生仁义的致思路径与老子所谓"失道而后德，失德而后仁，失仁而后义，失义而后礼"（《老子·三十八章》），由道、德的毁灭与丧失而有仁、义、礼等的致思路径是一致的。

从上面的讨论来看，告子以"食色"为性，并据此反对孟子的以仁义为性。这样的话，从"性"字的结构来看，告子讨论人性仅仅论及"性"中的"生"，而未论及"性"中的"心"，孟子则相反。可是，告子在说"食色，性也"之后，紧接着就说"仁，内也，非外也；义，外也，非内也"（《孟子·告子上》），这使得告子关于人性内容、构成的论述呈现复杂化情形。不过，告子对此未曾注意，孟子对此也未曾注意，所以孟子不是抓住告子"仁，内也，非外也"之言，论证告子也以"仁"为人性内容，并且在这一点上与自己的观点相同，而是站在"义内"（《孟子·告子上》）的立场急于反驳告子"义，外也，非内也"的观点。这是由于告、孟二人的论辩都属于即兴发言，都急于驳倒对方，因而言辞不可能十分谨严，关注点又都在对方与自己不一样的地方。

从告子"仁，内也，非外也"来看，告子认为"仁"是内在于人的存在，不受外在因素所影响，更不是外在因素的产物。这意味着，"仁"就是人与生俱来的东西。从告子"生之谓性"对于人性的定义来看，"仁"就应该是人性的内容、人性的构成者。这样，告子客观上认为人性的内容包括"食色"与"仁"，从"性"字的结构来看，告子所谓的"性"既论及"性"中的"生"，又论及"性"中的"心"，其"性"中的"生"是"食色"、情欲，其"性"中的"心"是"仁"。由于告子从人性中的"生"出发，否定人性中的"心"，以人性中的"食色"排斥人性中的"仁"，其主观上就只认为人性的内容只有"食色"之类的生理欲望、感官欲求。

从人性的内容是"食色"出发，告子认为人性在道德维度、在价值指向上是无所谓善与不善的，并以水之流向的不确定性作类比。我们来看告子的话："性犹湍水也，决诸东方则东流，决诸西方则西流。人性之无分于善不善也，犹水之无分于东西也。"（《孟子·告子上》）顺便说一句，王充概括告子人性学说曰："告子与孟子同时，其论性无善恶之分，譬之湍水，决之东则东，决之西则西。夫水无分于东西，犹人性无分于善恶也"（《论衡·本性》），就是据于此。这里，告子的"人性之无分于善不善也"，被公都子转述为"告子曰：'性无善无不善也'"（《孟子·告子上》）。这是说，人性以及人性的发显、顺性而为本身是没有善与不善的价值指向的；就人性的发显、顺性而为所涉及的人我以及物我关系而言，虽涉及人性的善与不善，可是这善与不善也是不确定的。换言之，人性的内容是食色，是生理欲望，不仅食色、生理欲望本身是没有善与不善之分的，就是食色、生理欲望的满足本身也是没有善与不善之分的，因为这不属于道德问题。不过，在食色、生理欲望的满足过程中会涉及自我与他人、个人与社会等的关系，如果食色、生理欲望的满足有益于他人、社会，在此意义上可以说人性"善"，反之，如果食色、生理欲望的满足有害于他人、社会，在此意义上又可以说人性"不善"，可见，这善与不善是不确定的。从水之流向"无分于东西"，水之东流与西流取决于人为之"决"，而不取决于流水自身的本性的类比来看，人性发显、顺性而为在人我以及物我关系层面所呈现的善与不善不仅是不确定的，而且还取决于后天的人为因素，而不取决于人性自身。就是说，食色、生理欲望的满足是有利于还是有害于他人、社会以及其所呈现的善与不善不仅是不确定的，而且还决定于食色、生理欲望之外的、外在的因素，决定于个人的"选择"，与食色、生理欲望本身无关。

由于告子把人性的善与不善的终极原因限定于后天的人为因素，而不是定位于人之先天的内在因素、人性自身，这种逻辑论证上的漏洞就给孟子的反击提供了机会。孟子曰："水信无分于东西，无分于上下乎？人性之善也，犹水之就下也。人无有不善，水无有不下。"（《孟子·告子上》）这是说，从流水的本性来说，是不可能一定向东流或一定向西流的，因为流水之向东或向西流决定于"决"、决定于人为，但是流水不论向东流还是向西流，按其本性一定是向下流；同理，人的外在行为因为各种因素的干扰而有善与不善之分，但是人就其本性来说一定是善的，这种人性的自然向善犹如水之自然下流。

由此可以看出，从《孟子·告子上》的记载来看，告子以人之先天具有的东西为"性"，又将人性限定为"食色"之欲而忽略"仁"，但又强调"仁"的内在性，客观上涉及"性"字的"心""生"两面，主观上却只认可"性"中的"生"。从"食色，性也"出发，告子判定人性"无分于善不善"，而不是判定人性"不善"。究其因，在于告子认为人性的善与不善不是先天的，而是后天的，因为人性的善与不善不决定于人性内容，而决定于人为。在这一点上，告子的说法不同于其他儒家人物。

五、总　结

从以上的分析可知，孔孟之间的儒家人物从总体上讲都把人性问题看作道德问题，因而都集中讨论人性的价值指向问题，给人性作善与不善或者说善与恶的判断。由此也可以推论，孔孟之间的儒家人物讨论人性问题意在由此出发解决人作为社会存在所面临的道德问题，解决道德之于人的关系问题，从而为道德的产生与存在提供人性依据或社会依据。

就孔孟之间的儒家人物的人性学说的具体情形而言，都直接或间接地涉及人性的本质、内容、价值指向等问题，其中，以世硕为代表的孔子弟子及二传弟子，以郭店楚墓竹简中的儒家简的作者为代表的孔子二传、三传弟子还论及人性的形上根据问题。关于人性的本质，孔孟之间的儒家人物除告子之外都未作定义式的界说，但是从其关于性与"养""教""为"等的论述来看，都是从"性"的本义理解之，都认为人性就是人的先天的或者说与生俱来的本性，只是直到告子才以"生之谓性"，明确给出人性的定义。

关于人性的同一性，孔孟之间的儒家人物中多数人认为人性是同一的，所有人的人性是一样的，只有主张有"圣人之性""中人之性"等差别者以及持"有性善，有性不善"者认为人性不是同一的，不同的人有不同的"性"。造成这种情况的原因在于，孔孟之间的儒家人物中主张人性同一者认为不仅人性在本质层面是相同的，在内容层面也是相同的，而主张人性不同者认为人性仅仅在本质层面是相同的，在内容层面则是不同的。

关于人性的内容，孔孟之间的儒家人物多未论及，但是根据其关于人性的价值指向的论述可以加以推论，可知其都围绕"性"字的结构加以论述。有的认为人性的内容是"善"的东西、利他的东西，这论及"性"中的"心"；有的认为人性的内容是"不善"的东西、利己的东西，这论及"性"中的"生"；有的认为人性的内容既包括"善"的东西、利他的东西，又包括"不善"的东西、利己的东西，这论及"性"中的"心""生"两面。孔子二传、三传弟子率先明确论述人性的内容，认为其包括"情""欲"

与"智""礼""德"，其中，"情""欲"论及"性"中的"生"，"智""礼""德"论及"性"中的"心"。以孔子二传、三传弟子关于人性内容的论述为基础，联系孟子性善论，以"心"论性，认为"性"由仁义礼智等所构成，荀子性恶论，以"生"论性，认为"性"由"情""欲"等所构成①，我们大体可以推论孔孟之间的儒家人物中，言人性善者，其人性内容就由"善"的东西、利他的东西所构成，具体则为仁义之类的"德"；言人性恶、人性"不善"者，其人性内容就由"不善"的东西、利己的东西所构成，具体则为食色、情欲之类的欲望；言"性有善有恶""性可以为善，可以为不善"以及"人性之无分于善不善"者，其人性内容就由"善"的东西、利他的东西与"不善"的东西、利己的东西所构成，具体则为仁义之类的"德"和食色、情欲之类的欲望。

关于人性的价值指向，孔孟之间的儒家人物都立足于其对人性内容的理解，都从道德维度明确、直接地加以判断，几无例外，他们要么判断人性善，要么判断人性恶，要么判断人性有善有恶，要么判断人性可以向善，也可以走向恶，要么判断人性无善与不善之分。如上文所言，这是由儒家人性学说意在解决人的道德问题所决定的。

关于人性的形上根据，孔孟之间的儒家人物有的已论及。以世硕为代表的孔子弟子及二传弟子强调人性形上根

①陆建华：《以"心"论性与以"生"论性——孟、荀人性论的分别》，《孔孟月刊》2009年第11、12期合刊，第10—12页。

据的内在性，认为人性根源于人自身的阴阳，从而从人之"内"解答了人性的形上根据问题；以《性自命出》（《性情论》）作者为代表的孔子二传、三传弟子强调人性形上根据的外在性，认为人性根源于"气"，也根源于"天"，从而从人之"外"解答了人性的形上根据问题。

关于"心""性"关系，孔孟之间的儒家人物虽未有明确论及，但是其论"性"而引入"心"，并且"性""心"并举，预示着儒家人性学说中将有一派会以心性论的面目出现。

孔孟之间的儒家人物的人性学说所涉及的人性本质上的先天性，人性内容的"心""生"两面或者说"德""欲"两面，人性价值指向方面的善恶判断，人性形上根据方面的内在根据与外在根据的探索，以及因为论述人性而对"心"的概念的引入，不仅决定了其后儒家人性学说发展的大致框架，甚至还决定了其后儒家人性学说进一步发展的基本内容与基本方向。

　　《孟子·滕文公上》云"孟子道性善，言必称尧舜"，很多学者认为这是对孟子人性学说的高度概括。"道性善"，说明孟子以人性善作为其人性学说的特质，并以此区别于其他人性学说；"称尧舜"，是因为在孟子看来"尧舜，性者也"（《孟子·尽心下》），其"善"的行为出于本性，或者说，其顺性而行自然向"善"，堪称践行人性善的楷模。其实，孟子人性学说并非"性善"所能概括，因为这仅仅是从人性的价值指向的维度对其所做的总结，未曾涉及孟子人性学说中关于人性的本质、内容与根据等方面。

　　我们知道，孟子论述人性是基于论证"德"之于人的内在性或曰仁义内在的需要，也是基于重塑儒家人性学说或曰批评儒家已有的人性学说的需要。合而言之，二者又是二而一的。关于孟子之时儒家已有的人性学说，《孟子》中有记载，那就是孟子弟子公都子所概括的："告子曰：

'性无善无不善也。'或曰：'性可以为善，可以为不善，是故文、武兴则民好善，幽、厉兴则民好暴。'或曰：'有性善，有性不善，是故以尧为君而有象，以瞽瞍为父而有舜，以纣为兄之子且以为君而有微子启、王子比干。'"（《孟子·告子上》）以上三种儒家已有的人性学说共同的缺憾就是都没有从人性之维解决道德之于人的内在性问题，从总体上看都是将道德视作外在于人的存在。具体而言，告子所谓的"性无善无不善也"，明确否定人性的道德性，反对将仁义等列为人性的内容；认为"性可以为善，可以为不善"者并不认可人性的绝对的道德性，从而未将仁义等列为人性的唯一内容，其所谓的人性的内容包括"不善"的东西；认为"有性善，有性不善"者只承认部分人的"性善"，只肯定部分人的人性的道德性，只将仁义等列为部分人的人性的内容，从而否定了另一部分人的"性善"、人性以及人性内容的道德性。正因为此，孟子论述人性，一方面不同于上述三种儒家已有的人性学说，凸显人性之"善"，一方面立足于人性之"善"而与告子发生论战，并在与告子的论战中展现其人性学说。

一、人性的本质：良知良能

孟子之时，儒家人性学说至少有三种类型，也即上述所谓"性无善无不善也""性可以为善，可以为不善""有性善，有性不善"三者，而且这三种类型都不是孟子所满意的。同时，儒家以外的其他学派也有其人性学说，也不是孟子所满意的，虽然孟子未明言这些学派的人性学说的具体内容或特质。因此，孟子论述人性，从人性的本质出发，不得不面对之。

首先，孟子立足于人性自身，从人性的先天性、内在性、道德性的维度提出了自己对于人性的看法："人之所不学而能者，其良能也；所不虑而知者，其良知也。"（《孟子·尽心上》）诚如徐复观先生所言，这种"言性，对当时一般人而论，乃是一种新说、创说"①。

从"人之所不学而能者""所不虑而知者"的角度来看，孟子认为人性本质上就是"人之所不学而能者""所不虑而知者"，也即人不需要学习与思考就拥有的东西，人天生就具有的东西。这么说，所谓人性，就是指人先天具有的、内在于人的东西，而不是人通过后天人为所获得的东西；换言之，与人的后天因素无关。这么说，所谓人性，必须具有先天性、内在性。

从"良知""良能"的角度来看，孟子认为人性本质上就是"良知""良能"，也即人所具有的好的东西、好的知识与能力。这么说，所谓人性，就是指人所具有的道德性的东西、道德性的知识与能力，而不是人所具有的坏的东西、不道德的知识与能力；换言之，与人的坏的方面无关。这么说，所谓人性，还应具有道德性。

---

① 徐复观：《中国人性论史·先秦篇》，上海三联书店2001年出版，第147页。

从"人之所不学而能者""所不虑而知者"与"良知""良能"相联系的角度来看，"人之所不学而能者"就是"良能"，"所不虑而知者"就是"良知"。就是说，人性就是人先天具有的、内在于人的东西，这种东西就是先天的、内在于人的知识与能力，并且这种先天的、内在于人的知识与能力是好的知识与能力。这么说，所谓人性，虽是指人先天具有的、内在于人的东西，但是并不是指人先天具有的、内在于人的所有的东西，而是指其中的部分的东西，而且这部分的东西是好的东西，而不是坏的东西；所谓人性，虽是指人先天具有的、内在于人的知识与能力，但是并不是指人先天具有的、内在于人的所有的知识与能力，而是指其中的部分的知识与能力，而且这部分的知识与能力是好的知识与能力，而不是坏的知识与能力。这样，孟子所谓的人性本质上就是人先天具有的、内在于人的好的知识与能力，而不是后天通过人为所获得的好的知识与能力；换言之，与人后天获得的好的知识与能力无关。这样，孟子所谓的人性，不仅具有先天性、内在性，还具有道德性。

由上可知，孟子认为人性乃是先天的、内在于人的东西，这种东西就是人与生俱来的知识与能力。从价值的维度看，这种东西、这种与生俱来的知识与能力是好的东西、好的知识与能力，因而其价值指向"善"。这里，通过对人性的"良知""良能"的界定，孟子从人性的本质层面就确立人性之"善"，这是其高明于他人之处，也是其性善论的独特之处。

在明确人性的先天性、内在性、道德性之后，孟子对当时儒家已有的人性学说以及儒家以外的其他学派的人性学说从人性的本质的维度加以批评。孟子曰："天下之言性也，则故而已矣。故者以利为本。所恶于智者，为其凿也。如智者若禹之行水也，则无恶于智矣。禹之行水也，行其所无事也。如智者亦行其所无事，则智亦大矣。天之高也，星辰之远也，苟求其故，千岁之日至，可坐而致也。"（《孟子·离娄下》）这就是直面并剖析儒家当时已有的人性学说以及儒家以外的其他学派的人性学说对于人性本质的理解，指出儒家当时已有的人性学说以及儒家以外的其他学派的人性学说，也即天下人的人性学说之所以是错误的，根源在于对人性本质的理解就是错误的，具体言之，都是把"故"误作"性"，也即把人的行为的原因、理由误作人性的本质。

"故"、人的行为的原因或曰理由是复杂的，有的是内在于人的，是人先天具有的东西；有的是外在于人的，并不是人先天具有的东西。由于"故""以利为本"，把"利"或者说有利于己作为其根本、依据，则意味着"故"与"利"有关，并被"利"所制约。就是说，"故"、人的行为的原因或曰理由决定于人的利益追求。而从利益追求的维度讨论"故"、讨论人的行为的原因或曰理由，从其内在于人的角度看只能是人自身具有的自然欲望、生理欲求，从其外在于人的角度看就是制约人的外在因素，也即人所面对并必须遵守的"他物"的规律、必须顺应的"他物"的本性。比如，禹治理洪水，之所以疏通水道，让水流入江湖河海，就是要遵守水流的向下运行的规律、顺乎其自上而下的本性，此乃大智慧。至于不能认识并遵守"他物"的规律、顺应"他物"的本性，仅凭主观意志而为，就是假的智慧。

客观上看，"故"、人的行为的原因或曰理由有两种，一种内在于人，一种外在于人。基于人性的先天性、内在性这一天下人所共同认可的原则，天下人所误以为是"性"的"故"，只能是内在于人的自然欲望、生理欲求。而在孟子心中，人性除却先天性、内在性之外，还应该有道德性，而人性的道德性恰是人性的特殊性、人性区别于自然万物之"性"之所在。这样，人性就不可能是"故"，不可能是人和自然万物的共性，不可能是人和自然万物尤其是禽兽所具有的自然欲望、生理欲求，而只能是人所特有的属性——人所先天具有的、内在于人的道德性的东西。这样，在孟子看来，从人性之维即可以将人和自然万物相区分。

基于人性乃人的先天具有的、内在于人的"良知""良能"的立场，或者说基于人性本质的先天性、内在性、道德性，孟子还对"性无善无不善也"的宣扬者——告子关于人性本质的理解提出了针锋相对的批评。这种批评是以孟子与告子对话或曰论辩的方式表达出来的："告子曰：'生之谓性。'孟子曰：'生之谓性也，犹白之谓白与？'

曰：'然。'‘白羽之白也，犹白雪之白；白雪之白犹白玉之白与？'曰：'然。'然则犬之性犹牛之性，牛之性犹人之性与？'"（《孟子·告子上》）此处，告子认为"性"就是人和自然万物天生就具有的"东西"，就人之"性"来说，人性就是人天生具有的东西。这种对性、对人性的本质的理解，看到了性、人性的先天性、内在性以及人和自然万物之"性"的一致性乃至相同性，凸显了人和自然万物之"性"的共同性——先天性、内在性，并未从"性"的本质的层面区分人和自然万物，而是尝试从"性"的内容的层面区分人和自然万物——人和自然万物的"性"的内容是不同的。孟子则认为"性"则是人和自然万物天生就具有的各自独有的"东西"，就人之"性"来说，人性就是人天生所具有的独特的东西，这种独特的"东西"就是人天生具有的好的东西，也即"良知""良能"，而这种"东西"是人之外的任何存在所不具有的。这种对性、对人性的理解，看到了性、人性的先天性、内在性，也看到了人和自然万物之"性"的各自的独特性，在承认人和自然万物之"性"的共同性——先天性、内在性的前提下，凸显了人性的独特性——道德性，试图从"性"的本质的层面区分人和自然万物，至于人和自然万物之"性"的内容，更是不同。据此可以看出，孟子不仅讨论人性，还极力从人性之维讨论人的本质。其所谓"人之所以异于禽兽者"（《孟子·离娄下》）所指，既指人性，也指人的本质。正因为此，孟子批评告子不懂得人性的本质，从而混淆"人之性"与"牛之性""犬之性"。张岱年先生说，孟子"所谓人之性，乃专指人之所以为人者，实即是人之'特性'。而任何一物之性，亦即该物所以为该物者。所以孟子讲性，最注重物类之不同"①，可谓窥破了孟子之意。

二、人性的内容：德

人性本质上是人先天具有的道德性的东西，是人的"良知""良能"，那么，这先天具有的道德性的东西、这"良知"与"良能"指什么？由此出发，孟子展开了对于人性的内容的探究。

孟子曰："口之于味也，目之于色也，耳之于声也，鼻之于臭也，四肢之于安佚也，性也，有命焉，君子不谓性也。仁之于父子也，义之于君臣也，礼之于宾主也，知之于贤者也，圣人之于天道也，命也，有性焉，君子不谓命也。"（《孟子·尽心下》）这就是对于人性内容的直接而明确的表述。

仅仅从"口之于味也，目之于色也，耳之于声也，鼻之于臭也，四肢之于安佚也，性也"来看，人之口、目、耳、鼻、身等对于美味、美色、美音、芬芳的气味以及身体的安乐舒服等的追求就是人性的追求。这么看，人性的

① 张岱年：《中国哲学大纲》，中国社会科学出版社1994年出版，第185页。

内容就是指人的与生俱来的欲望特别是感官或曰生理欲望。基于"口之于味也，目之于色也，耳之于声也，鼻之于臭也，四肢之于安佚也，性也"，戴震也曰："孟子之所谓性，即口之于味、目之于色、耳之于声、鼻之于臭、四肢于安佚之为性。"（《孟子字义疏证》卷中）如此，人性本质上就不是"良知""良能"，而仅仅是"人之所不学而能者""所不虑而知者"，因为人的与生俱来的欲望尤其是生理欲望，不属于"知"，也不属于"能"，更不属于"良知""良能"。这样的话，人性在本质上就会陷入以"故"为"性"的陷阱。而这正是孟子所反对的。

当然，孟子是绝对不会犯下如此低级的错误的。他以"口之于味也，目之于色也，耳之于声也，鼻之于臭也，四肢之于安佚也，性也，有命焉，君子不谓性也"，否定了人性的内容是人的与生俱来的欲望，割断了人性与人的生理欲望之间的内在联系。孟子的理由是，人性是人的先天的、内在于人的东西，在此意义上，人的与生俱来的欲望客观上属于人性范畴，不属于"命"的范畴，可是人性的实现也即欲望的满足决定于"命"，而与"性"无关，就是说，虽然欲望客观上属于"性"，但是欲望的实现不属于"性"，而属于"命"，这意味着人的与生俱来的欲望有"命"的意味，基于此，君子将欲望剔出"性"的范围，而将其纳入"命"的领域。这样，欲望客观上属于"性"，主观上不属于"性"，而主观上之所以不属于"性"，又来自"君子"的认定。孟子这种对于人性中欲望的排斥及其排斥的方式在理论与实践层面都是牵强的。这也是其人性理论的弱点之所在。为什么欲望"性也，有命焉"，欲望与欲望的实现分属"性"与"命"，孟子是无法解释、无法自圆其说的。其实，退一步说，就算欲望与欲望的实现分属"性"与"命"，也恰好显示了欲望作为人性的构成的先天性、内在性，欲望的实现作为"人为"的后天性、外在性。孟子之所以要将欲望剔出"性"的范围，是缘于其人性的道德性的规定，缘于其性善论的需要以及基于性善论而对人性本质的道德化处理的需要。在孟子那里，人性本质上是人的先天的、内在于人的东西，也是人的"良知""良能"，而人的与生俱来的欲望符合前者而不符合后者，不属于"良知""良能"，不具道德性，当然就不能成为人性的内容、人性的构成部分。

人性的内容、构成者不是天生的欲望，那么，应该是什么？孟子认为应该是"德"与"道"："仁之于父子也，义之于君臣也，礼之于宾主也，知之于贤者也，圣人之于天道也。"这是说，人性乃是父子之间的仁、君臣之间的义、宾主之间的礼、贤者的智、圣人所得到的道（天道）。这么看，人性的内容就是指人尤其是圣人、君子所具有的"德"（广义的"德"包括"智"）与所得到的"道"（天道）。这样，人性本质上就是"良知""良能"，"良知""良能"由"德"与"道"所构成。但是"德"作为外在于人的存在，"道"（天道）作为人之上的东西，都是后天的、人为的产物，都不属于"人之所不学而能者""所不虑而知者"。就是说，"德"与"道"符合人性的道德性，但是不符合人性的先天性、内在性，因而，不应该成为人性的构成者、人性的内容。

对此问题，孟子通过如下的方式予以解决："仁之于父子也，义之于君臣也，礼之于宾主也，知之于贤者也，圣人之于天道也，命也，有性焉，君子不谓命也。"孟子的意思是，人性是人的先天的、内在于人的东西，在此意义上，仁、义、礼、智诸德作为后天的、人为的东西，"道"（天道）作为高悬于人之上的东西，客观上不属于人性范畴，而属于"命"的境域，可是，仁、义、礼、智、道的获得与实践决定于"性"，而与"命"无关，就是说，虽然"德"与"道"客观上属于"命"，但是"德"与"道"的获得与实践不属于"命"，而属于"性"，这意味着，人之后天、人为之"德"以及高悬于人之上的"道"有"性"的意味。基于此，君子将"德"与"道"移出"命"的范围，而将其纳入"性"的领域。这样，"德"与"道"客观上属于"命"，主观上不属于"命"，而主观上之所以不属于"命"，又来自"君子"的认定。孟子这种将"德"与"道"纳入人性以及纳入人性的方式在理论与实践层面同样是牵强的。这也是其人性理论的弱点之所在。为什么"德"与"道""命也，有性焉"，"德"与"道"以及"德"与"道"的获得与实践分属"命"与"性"，同样是无法解释、无法自圆其说的。其实，退一步说，就算"德""道"以及"德""道"的获得与实践分属

"命"与"性"，也恰好显示了"德"与"道"作为人的道德追求、人生修炼的目标的后天性、外在性，"德"与"道"的获得与实践却有其人性根基——不是任何人都可以获得与实践"德"与"道"的。孟子之所以要将"德"与"道"纳入"性"的范围，同样是缘于其性善论的需要以及基于性善论而对人性本质的道德化处理的需要。在孟子那里，人性本质上是人的先天的、内在于人的东西，也是人的"良知""良能"，只有"德"与"道"符合"良知""良能"，所以"德"与"道"就被安排为人性的内容、人性的构成部分。

据此可以看出，在孟子看来，人性的内容必须符合人性的本质中的两个基本条件：既是先天的、内在于人的东西，又是"良知""良能"；既具有先天性、内在性，又具有道德性。口、目、耳、鼻、身等的欲望符合前者而不符合后者，仁、义、礼、智诸德以及"道"符合后者而不符合前者，这让孟子陷入困境。为此，孟子以欲望"性也，有命焉"，将欲望排斥出"性"的领域；以"德"与"道""命也，有性焉"，将"德"与"道"纳入"性"的领域。为了证明这种做法的合理性，孟子抬出"君子"，认为这都是君子所决定的。而这恰是孟子人性论最脆弱的地方。

需要注意的是，在讨论人性的内容应该是什么的时候，孟子认为应该是仁、义、礼、智诸德以及"道"，即应该是"德"与"道"，而在具体论述人性的内容、人性的内容的形上根据的时候，孟子又认为人性的内容只是仁、义、礼、智诸德，而将"道"放置一边。孟子所谓"君子所性，仁义礼智根于心"（《孟子·尽心上》），就是如此。究其因，大概是因为"道"作为天道或曰天之道，在"天"，不在"人"，不能像仁义礼智那样可以从人之"内"找到内在根据。还有，孟子以仁义礼智为人性的内容，明显受到子思的影响。子思将仁义礼智圣列为"五行"，孟子从中抽取仁义礼智列为人性内容，并将之内在化。至于孟子从子思"五行"中抽取仁义礼智"四德"而放弃"圣"，大概是因为在孟子看来，"圣"并非人人所能得到的，更非人人所能先天具有的。

对于孟子上述关于人性内容是"德"的论述，戴震可谓一语道破："就孟子之书观之，明理义之为性，举仁义礼智以言性者，以为亦出于性之自然，人皆弗学而能。"（《孟子字义疏证》卷中）

从"性"字的结构来看，人性包括"心""生"两面。孟子关于人性内容的论述客观上或者说事实上涉及了二者。从其"口之于味也，目之于色也，耳之于声也，鼻之于臭也，四肢之于安佚也，性也"来看，客观上认定人性的内容为人的生理欲望，涉及"性"中的"生"；从其"仁之于父子也，义之于君臣也，礼之于宾主也，知之于贤者也，圣人之于天道也，命也，有性焉，君子不谓命也"来看，主观上认定人性的内容是"德"与"道"，涉及"性"中的"心"。只不过出于性善论的需要，孟子以"口之于味也，目之于色也，耳之于声也，鼻之于臭也，四肢之于安佚也，性也，有命焉，君子不谓性也"，否定了人性内容中的生理欲望，否定了"性"中的"生"。这样，人性的内容仅剩下"德"与"道"，仅仅指"性"中的"心"。

回过头来看孟子对于人性本质的"良知""良能"的界定，对于人性的道德性的要求，也可以知道孟子是以"德"为人性内容的。他说："人之所不学而能者，其良能也；所不虑而知者，其良知也。孩提之童无不知爱其亲者，及其长也，无不知敬其兄也。亲亲，仁也；敬长，义也。"（《孟子·尽心上》）这是说，人性就是人的"良知""良能"，"良知""良能"表现为人生下来就知道"爱其亲"，顺其发展，长大后就懂得"敬其兄"；"爱其亲"这种"亲亲"之德就是"仁"，"敬其兄"这种"敬长"之德就是"义"。因此，仁义所代表的"德"就是人性的内容。

针对孟子以"德"为人性内容，突出人性中的仁义，告子提出批评："性犹杞柳也，义犹桮棬也；以人性为仁义，犹以杞柳为桮棬。"（《孟子·告子上》）告子的意思是，桮棬与杞柳虽然有着内在联系，这种联系表现为桮棬产生于杞柳，但是桮棬并不是杞柳，桮棬产生于杞柳并非天然而成，乃是后天人为的结果，是外在因素使然；同理，仁义与人性虽然有着内在联系，这种联系表现为仁义产生于人性，但是仁义并不是人性，仁义产生于人性也并非天生的，乃是后天人为的结果，是外在因素使然。这意味着，仁义之于人、之于人性是外在性的存在，人性的内容不仅不是仁义，仁义还是压抑、摧残人性的产物。

告子的批评可谓切中要害，孟子回复道："子能顺杞柳之性而以为桮棬乎？将戕贼杞柳而后以为桮棬也？如将戕贼杞柳而以为桮棬，则亦将戕贼人以为仁义与？率天下之人而祸仁义者，必子之言夫！"（《孟子·告子上》）这里，关于杞柳与桮棬的关系以及由此类比的人性与仁义的关系，告子的观点明明是"戕贼杞柳而后以为桮棬"，损害人性而产生仁义，孟子对此是清楚的，不过，孟子还是从逻辑上分析出杞柳与桮棬的关系以及由此类比的人性与仁义的关系的另一种情形："顺杞柳之性而以为桮棬"，顺乎人性而有仁义。即便如此，孟子在论辩中最终还是不得不正视告子的观点，在无法从理论上回击告子的窘境下以"率天下之人而祸仁义者，必子之言夫"，对告子作政治层面的批评、人身层面的攻击。

另外，由于人性客观上指人的欲望，孟子虽然主观上对其加以否定，但是总是缺少客观依据。其观点虽然勉强能够自圆其说，但禁不起推敲，所以当告子与孟子就人性问题进行辩论时曰"食色，性也。仁，内也，非外也；义，外也，非内也"（《孟子·告子上》），主动提出人性的内容问题，指出人性的内容是食色、是人的与生俱来的欲望，希望就此展开论辩，孟子不讨论、不反驳告子"食色，性也"的观点，仅仅讨论、反驳告子"仁，内也，非外也；义，外也，非内也"的观点，追问告子曰："何以谓仁内义外也？"（《孟子·告子上》）这看起来似乎是认可告子"食色，性也"的观点，实是故意回避之。

还有，孟子弟子公都子与孟季子就"义内"问题进行论辩时，情急之中不自觉地以饮食为例说明"义内"曰："然则饮食亦在外也？"（《孟子·告子上》）认为"义"犹如饮食、食欲是内在于人的。这意味着公都子在内心深处也承认客观上欲望是人的本性。这也从一个侧面证明孟子将天生就有的欲望剔出人性范畴之艰难。

三、人性的根据（上）：心

人性的内容不取决于人性本身，而决定于"君子"的选择，说明人性的内容乃人为的结果，而且还是"他人"人为的结果，这是孟子人性论的"硬伤"，也是其容易被对手所诟病的地方。孟子"以人性为仁义"，被告子所批评，就是例证。为此，孟子需要论证"君子"所选定的人性内容看似人为，实则是人之固有。这就要求孟子对人性内容作哲学论证，赋予其先天性、内在性，赋予其形上根据。

孟子曰："君子所性，仁义礼智根于心"（《孟子·尽心上》），谓君子所选定的人性内容仁义礼智根植于人之"心"，"心"不仅是仁义礼智的发生处，还是仁义礼智的存身处。这样，仁义礼智"四德"之于人是先天的、内在的，其作为人性的内容就是合理的。不过，孟子"君子所性，仁义礼智根于心"的说法，也即仁义礼智"四德"之于人的先天性、内在性的说法，也是需要论证的。为此，孟子进入人之心灵境域，通过对"心"的构成的深度分析，对此作证。

孟子曰："恻隐之心，人皆有之；羞恶之心，人皆有之；恭敬之心，人皆有之；是非之心，人皆有之。恻隐之心，仁也；羞恶之心，义也；恭敬之心，礼也；是非之心，智也。仁义礼智，非由外铄我也，我固有之也。"（《孟子·告子上》）这是说，每个人都有"心"，每个人的"心"都是由"恻隐之心""羞恶之心""恭敬之心""是非之心"等"四心"所构成，或者说，每个人的"心"都有"恻隐之心""羞恶之心""恭敬之心""是非之心"等四个方面，而这"四心"、"心"之四个方面分别由仁义礼智所构成，或者说，分别属于仁义礼智的范畴。由此可知，仁义礼智"四德"存于"心"中，属于人之固有，与外在的因素无关，因而是先天的、内在于人的存在。基于此，孟子总结道："仁，人心也"（《孟子·告子上》），谓人心就是由"仁"（广义的仁包括仁义礼智诸德）所构成，因而"仁"之于人是先天的、内在的。

孟子又曾曰："无恻隐之心，非人也；无羞恶之心，非人也；无辞让之心，非人也；无是非之心，非人也。恻隐之心，仁之端也；羞恶之心，义之端也；辞让之心，礼之端也；是非之心，智之端也。人之有是四端也，犹其有四体也。"（《孟子·公孙丑上》）这同样是说，每个人都有"心"，每个人的"心"都是由"恻隐之心""羞恶之心""辞让之心""是非之心"等"四心"所构成，或者说，每个人的"心"都有"恻隐之心""羞恶之心""辞让之心""是非之心"等四个方面。至于"四心"、"心"之四个方面分别由仁义礼智之"端"所构成，或者说，分别属于仁义礼智之"端"的范畴。据此可知，仁义礼智"四端"存于"心"中，属于人之固有，与外在的因素无关，因而是先天的、内在于人的存在。由于仁义礼智"四端"是先天的、内在于人的存在，推而言之，仁义礼智"四德"就是先天的、内在于人的存在。

值得注意的是，孟子"无恻隐之心，非人也；无羞恶之心，非人也；无辞让之心，非人也；无是非之心，非人也"之语，用"心"或曰"四心"说明人的本质，将人之为人的本质确定为"心"或曰"四心"，这是通过表达"心"之于人的绝对性，来加固仁义礼智内在于人之"心"就是先天的、内在于人这一核心观点。

此外，关于人性的内容包括"智"，孟子还有另外的、单独的证明："心之官则思。"（《孟子·告子上》）这里的"思"不是认识论意义上的"思"，不是指客观意义上的理性认知能力，而是指道德认知能力、道德判断力。这样，这句话的意思就是心的天生的职能、功能是"思"，也即"智"。这也是从"心"的维度对于"智"之于人的先天性、内在性的证明。

由上可知，孟子以人心的道德构成论证仁义礼智诸德之于人的先天性、内在性，从而论证人性的内容是"德"、是仁义礼智等的合理性；为了巩固仁义礼智诸德之于人的先天性、内在性这一关键论点，孟子还确认人心之于人的重要性，将之定性为人之为人的本质、依据。

由上还可知，孟子从"心"的维度对于"德"之于人的先天性、内在性所作的是双重论证，并且论证手法几乎一样。这说明孟子对于这种论证缺乏自信，孟子自己也意识到这种论证本身存在缺陷或曰漏洞。事实也是如此，为什么人皆有"恻隐之心"、"羞恶之心"、"恭敬之心"（"辞让之心"）、"是非之心"等"四心"，这是需要确证的。对于此，孟子并没有从总体上加以论证，也没有对"四心"一一加以论证，而是采取举例论证的方法，通过详细论证人皆有"恻隐之心"，来论证人还有"羞恶之心"、"恭敬之心"（"辞让之心"）、"是非之心"等。

我们来看孟子的论证："所以谓人皆有不忍人之心者，今人乍见孺子将入于井，皆有怵惕恻隐之心——非所以内交于孺子之父母也，非所以要誉于乡党朋友也，非恶其声而然也。"（《孟子·公孙丑上》）在孟子看来，"人皆有不忍人之心"，也即皆有"恻隐之心"，这是人生而就有的。比如，"乍见孺子将入于井，皆有怵惕恻隐之心"，而且这"怵惕恻隐之心"的产生"非所以内交于孺子之父母也，非所以要誉于乡党朋友也，非恶其声而然也"，与任何外在因素无关，就是例证。

这里，通过仔细分析可知，孟子认为"乍见孺子将入于井"，人们产生"怵惕恻隐之心"，其原因在理论上不外乎内在原因与外在原因。而外在原因在理论上不外乎有感情维度的原因——"内交于孺子之父母也"，也即与孺子父母有交谊；社会维度的原因——"要誉于乡党朋友也"，也即博取名声；由对象造成的原因——"恶其声而然也"。既然"恻隐之心"的产生不是以上的原因使然，不是任何外在原因使然，那么，只能是内在原因使然。这说明，"恻隐之心"出自人自身，是内在于人的、生而就有的；"恻隐之心"存在于人之"内"，只有在需要呈现出来时才呈现出来。

这里，我们可以看出，孟子在论证人皆有"恻隐之心"、"羞恶之心"、"恭敬之心"（"辞让之心"）、"是非之心"等"四心"之时，采用的是举例论证的方式，以论证人皆有"恻隐之心"为例，论证之；孟子在论证人皆有"恻隐之心"之时，再次采用举例论证的方式，以"乍见孺子将入于井，皆有怵惕恻隐之心"为例，论证之；孟子在论证"乍见孺子将入于井，皆有怵惕恻隐之心"之时，同样采用举例论证的方式，以人之"恻隐之心"与"内交于孺子之父母也""要誉于乡党朋友也""恶其声而然也"等外在情形、外在原因无关，论证之。

值得注意的是，孟子除了从心的维度论证仁义礼智之于人的先天性、内在性，从而证明人性的内容是仁义礼智，还进而尝试从"天"的维度对此加以深层论证。比如，孟子从心的维度论证"智"之于人的先天性、内在性时曾言"心之官则思"（《孟子·告子上》），那么，"心之官"为何可以"思"？孟子则将之归于"天"。他说："心之官则思，思则得之，不思则不得也。此天之所与我者。"（《孟子·告子上》）这是说，"心"之"思"乃是天之所赋。"心"中的"智"是天之所赋，概而言之或曰推而论之，"心之官"则"仁"、则"义"、则"礼"，皆"天之所与我者"，心中的仁义礼智皆是天之所赋。基于此，孟子才说："尽其心者，知其性也。知其性，则知天矣。存其心，养其性，所以事天也"（《孟子·尽心上》），认为"心""性""天"三者有着内在的逻辑联系，心、性之本在"天"。钱逊说："心、性都在人，而性是天赋，又属天"①，大体也是此意。因此，尽心、知性则可知天，存心、养性即可事天。

由此可以看出，孟子为论证仁义礼智先天地内在于人，乃人之性，而引入"心"这个概念，又将"心"之所有、"心"之职能归于"天"，只是孟子沟通"心""天"，以"天"为"心"之根据的论述相对简略，没有展开，更没有详细论证。但是不管怎样，孟子这种从"心"入手，向"内"求索的思路，真正开启了人性内容的内在化的求证的思路，至于孟子将"心"之所有乃至构成归于"天"的由"内"而"外"的求证的思路，又真正开启了人性内容的本体论证明的思路。这里，对于人性内容的内在化证

①钱逊：《孟子人性思想的核心理念》，《光明日报》2016年11月7日第16版。

明思路与本体论证明，孟子是将其合而为一的，其中，内在化证明最终归因于本体论证明。孟子所开创的人性内容的内在化与本体论证明思路，尤其是本体论证明思路，为后世儒家所继承并大力阐扬。

四、人性的根据（下）：气

为了证明"君子所性，仁义礼智根于心"（《孟子·尽心上》），孟子抬出了"心"，用"心"由仁义礼智或曰仁义礼智之"端"所构成证明之，并尝试从"天"的角度论证"心"之具有仁义礼智的根由。除此之外，为了证明"心"由仁义礼智或曰仁义礼智之"端"所构成，孟子又抬出了"气"，试图从人之构成乃至自然万物的本体的层面加以论证。

关于人之构成或者说人之构成的物质基础，孟子曰："气，体之充也"（《孟子·公孙丑上》），直言"气"充盈于人之"体"，人由"气"所构成，"气"是人的物质基础。这无疑是说，"气"是人之本体。由于人之"体"包括"身"与"心"，这意味着人之身体与心灵均由"气"所构成、均出自"气"。

既然人由"气"所构成，"气"是人之本体，概而言之，自然万物也由"气"所构成，"气"也是自然万物之本体。这意味着孟子就不仅仅是从人之构成的层面论证"心"由仁义礼智或曰仁义礼智之"端"所构成，在质的意义上是从本体的高度也即从"气"的高度对此加以论证。

从孟子"仁也者，人也"（《孟子·尽心下》）来看，人本质上是道德存在，人与自然万物的差异或曰人优越于自然万物之处就在于人具有"仁"[1]，而自然万物不具有"仁"。朱熹解之曰："仁者，人之所以为人之理也。"[2]可谓参透孟子之用意。既然如此，从本体之维看，人与自然万物虽然均由"气"所构成，但是构成人之"气"应与构成自然万物之"气"有别，并且构成人之"气"应优越于构成自然万物之"气"。这是"仁也者，人也"，以及人优越于自然万物的本体依据。或者说，这是孟子所要面对的本体论证明。

由于人之"体"由"身"与"心"所组成，那么，孟子的"仁也者，人也"，究竟是指"仁也者，人之'体'也"，还是指"仁也者，人之'身'也"，抑或是指"仁也者，人之'心'也"呢？如果是指"仁也者，人之'体'也"，那么就意味着人之身心、人之一切皆是道德存在，构成人之"体"、人之身心的"气"都是特殊的"气"、优越于构成自然万物的"气"；如果是指"仁也者，人之'身'也"，那么就意味着人之"身"是道德存在，构成人之"身"的"气"是特殊的"气"、优越于构成自然万物

———————

① 儒家单独言"仁"，多为广义的"仁"。广义的"仁"包括仁义礼智诸德。

② 朱熹：《四书章句集注》，中华书局2015年出版，第375页。

的"气"，而构成人之"心"的"气"则与构成自然万物的"气"一样；如果是指"仁也者，人之'心'也"，那么就意味着人之"心"是道德存在，构成人之"心"的"气"是特殊的"气"、优越于构成自然万物的"气"，而构成人之"身"的"气"则与构成自然万物的"气"一样。

从孟子"仁，人心也"（《孟子·告子上》）来看，孟子的"仁也者，人也"应是基于"仁，人心也"，人在本质上的道德存在基于人之"心"的道德存在；在人之"身"与"心"之间，确立人之为人的本质的，既不是"身"与"心"的共同体，也不是"身"，而是"心"。这说明，"仁也者，人也"应是指"仁也者，人之'心'也"。这样，孟子实是认为人由"气"所构成，其中，构成人之"身"的"气"就是构成自然万物的"气"，而构成人之"心"的"气"则是特殊的"气"。当然，这种特殊的"气"只是构成自然万物、构成人之"身"之"气"中的精华，而不是别有一"气"。就是说，"气"构成人和自然万物，是人和自然万物的本体，其中，构成人之"心"的"气"是其精华。

构成人之"心"的"气"或者说作为"心"之物质基础的"气"是什么样的"气"，孟子没有直接说明。不过，这种"气"既然是构成人之"心"的"气"或者说作为"心"之物质基础的"气"，对于人自身来说，必定是先天的、人之固有的"气"或者说是与生俱来的、内在于人的

"气"，而不是后天的、人之外的"气"，更不是与人无关的"气"；必定是特殊的"气"，有道德属性的"气"，从而为"心"之"仁"提供物质基础。从孟子关于"浩然之气"（《孟子·公孙丑上》）的论述来看，这种"气"很可能就是"浩然之气"。

之所以这么说，原因有三：其一，孟子曰："我善养吾浩然之气"（《孟子·公孙丑上》），称"浩然之气"为"吾浩然之气"，谓"浩然之气"是我之天生的固有之"气"，可见其是与生俱来的、内在于"吾"的"气"，概而言之，则是与生俱来的、内在于所有人的"气"。其二，关于"吾"之天生的固有之"气"，孟子仅仅论及"浩然之气"，而没有提及其他任何之"气"。换言之，在孟子看来，只有"浩然之气"才是"吾浩然之气"，才是人之本来就有的。其三，"浩然之气"具有道德属性："其为气也，至大至刚，以直养而无害，则塞于天地之间。其为气也，配义与道"，"是集义所生者，非义袭而取之也"（《孟子·公孙丑上》）。这是说，"浩然之气"是构成人和自然万物的"气""集义所生"，是"气"积累"义"并与"义"相结合的产物，这种气从构成或者说结构的层面看，就由"气""配义与道"而组成，也即由"气"与"义""道"相配合而组成。既然如此，"浩然之气"这种特殊的气就是道德性的"气"，自身具有儒家所言的"德"。

这样，气是人和自然万物的本体，是人和自然万物的物质基础，这种气与道、义结合形成"浩然之气"，"浩然之气"作为道德性存在具有儒家之"德"，构成人之"心"，从而使得人之"心"成为道德性存在，具有仁义礼智诸德。这说明，从气本论与道德的维度看，"心"由仁义礼智或曰仁义礼智之"端"所构成，于是，"君子所性，仁义礼智根于心"（《孟子·尽心上》）。

这里，有一个问题需要澄清，那就是"仁"是儒家之大德，可以涵盖或曰包括儒家所有之"德"，为什么孟子不说"浩然之气"是"集仁所生"，而要说其是"集义所生"？这是一个困扰学界的问题。有学者可能以为，孔子突出"仁"，而孟子突出"义"，所以才会说"浩然之气"乃"集义所生"。这是表面的理由。孟子虽然时常"仁义"并举，但是"仁"在前而"义"在后，并且孟子用"德"来界定或说明人、人心等之时通常是用"仁"而不用"义"。这就说明"仁"在孟子心中的核心地位。笔者以为，孟子认为"浩然之气"乃"集义所生"应与告子有关，是出于批评告子"仁内义外"①说的需要。在孟子看来仁义皆"内"，告子却言"仁内义外"，为批评告子的"义外"说，孟子特意说：浩然之气"是集义所生者，非义袭而取之也"，指出"义"生于"气"之"集"，从而存在于"浩然之气"之"内"、存在于人之"内"，并非人由"外"而得。由此，孟子批评告子曰："我故曰告子未尝知

---

① 告子曰："仁，内也，非外也；义，外也，非内也。"（《孟子·告子上》）

义，以其外之也。"（《孟子·公孙丑上》）就孟子自己来说，为了防止其"浩然之气"是"集义所生"的观点引起后人的误会，在此之前，孟子还说"浩然之气""配义与道"，虽有突出"义"的意思，毕竟还言及"道"。这"道"作为儒家的核心范畴，本质上就是"仁"。

五、人性的价值指向：善

人性是人天生的资质，是人与生俱来的、内在于人的东西，这种东西是先天的"知""能"，具有道德性。从道德、价值的维度看，这种先天的"知""能"又是善的、好的，不仅有益于自己，还有益于他人、有益于社会，因此，又叫"良知""良能"。在此意义上，在人性的本质的层面，人性"良"，人性的价值就指向"善"。孟子曰："乃若其情，则可以为善矣，乃所谓善也"①（《孟子·告子上》），就是明确指出人性按其本质、实情来说，本来

————

① 杨泽波据此认为"孟子这里是讲，性可以为善，并非本然为善"（杨泽波：《孟子性善论研究》，中国社会科学出版社1995年出版，第42页），这一说法并不准确。其实，此句是说，性善，可以使人的行为善。如果注意到下一句"若夫为不善，非才之罪也"（《孟子·告子上》），谓人之行为的"不善"，与"才"也即"性"无关，就更易理解此句的意思了。另，关于"若夫为不善，非才之罪也"中"才"之含义，杨泽波解之为"人的初生之质"（同上书，第31页），最后总结道："从这个意义上讲，才与情与性与心是互为沟通，统而为一的，心即是性即是情即是才"（同上书，第32页），也是以"性"解"才"的。

就是向善的，也正因为此，才能使人的行为向"善"。

通常情况下，从道德的维度对人性作价值判断，判断其善与恶，是基于人性的内容的。可以说，有什么样的人性内容，就有什么样的人性的价值指向。孟子直接从人性的本质层面判断人性的价值指向，指出在人性的本质层面人性之善，虽是其高明与独特之处，但是还是要以人性内容层面的"善"为支撑，换言之，还是需要通过人性内容层面的"善"来证明的。

在孟子看来，人性的内容是仁义礼智诸德，所谓"良知""良能"也就是建之于仁义礼智的道德智慧与道德践行的能力。既然人性的内容是仁义礼智，是道德智慧与道德践行的能力，那么，由人性出发，顺性而行，就是"由仁义行，非行仁义也"（《孟子·离娄下》），也即从内在的仁义礼智出发，以天生之"德"自然成就道德之行为与结果，而不是将仁义礼智作为外在的存在，使其约束自己的本性，规范自己的行为。这样，其结果必然是对他人、对社会有利而无害。正是在此意义上，孟子证明了人性之"善"。

基于人性善的立场，针对告子"性犹湍水也，决诸东方则东流，决诸西方则西流。人性之无分于善不善也，犹水之无分于东西也"（《孟子·告子上》）的论调，孟子反驳道："人性之善也，犹水之就下也。人无有不善，水无有不下。今夫水，搏而跃之，可使过颡；激而行之，可使在山。是岂水之性哉？其势则然也。人之可使为不善，

其性亦犹是也。"(《孟子·告子上》)

这里，孟子认为告子以水之流向比喻并论证人性之善与不善，从水可以向东流与向西流也即水之流向的不确定性，论证人性在价值维度的不确定性，也即没有善与不善的区分，这种论证方式是错误的，结果当然也是错误的。因为水无论是向东流还是向西流，都不是水之本性使然，而是外力使然，也即取决于人为之"决"，因而不可以据此论证人性之善与不善问题，至多只能论证人之外在行为的善与不善受制于外在因素、受制于人为。与告子针锋相对，孟子在反驳告子的人性无善与不善之分别的观点及其以水喻性的论证方式的错误之时，同样以水喻性，论证人性之善。孟子的理由是，人性如水，水从表面上看可以流向四面八方，可是从本质上看，永远流向下方，这是水的本性或曰水的本性使然，同理，人性无论在外显、实践过程中如何表现，从道德层面看都是善的，这是人的本性或曰人的本性使然；水之所以能够向上流动，恰是由于违背水之本性的结果，同理，人之所以有不善的行为，恰是由于违背人性的结果。

六、人之为恶的原因：违背人性

人性是人的"良知""良能"，其内容是仁义礼智，顺性而行，人的行为指向"善"，所以人性善，这是孟子的逻辑进路。可是，为什么有的人的行为却是恶的，如何从性善立场解释人之行为之"恶"？这是孟子无法回避且必须直面、解决的问题。

在孟子看来，人之行为之"恶"，与人之本性无关，更非顺性而为的结果。为此，孟子曰："乃若其情，则可以为善矣，乃所谓善也。若夫为不善，非才之罪也。"（《孟子·告子上》）这是说，人性是向善的，有的人的行为的不善，不是人性本身、人的天生的资质的原因。

既然人之行为之"恶"不出于人性，那么，人之行为之"恶"的原因何在？孟子认为原因有二：一是外在原因，一是内在原因。关于外在原因，孟子曰："今夫水，搏而跃之，可使过颡；激而行之，可使在山。是岂水之性哉？其势则然也。人之可使为不善，其性亦犹是也。"（《孟子·告子上》）此谓水之本性是向下流，水流向下是出于水之本性，至于水高过人之额头、流上高山，不但不是出于水之本性，而且还是违背水之本性的结果，究其因，乃是外在情势、人为因素所迫。简言之，水本向下流，其流向的改变并非水之本性的缘故，而是外在因素所起的作用。与此相似，人性本善，人之善行是出于人之本性，至于人之行为之"恶"，不但不是缘于人性，而且还是违背人性的结果，究其因，也是外在的各种因素造成的。简言之，人本向善，其行为之"恶"并非人之本性的缘故，而是外因在起作用。

顺便言之，"夫水，搏而跃之，可使过颡；激而行之，可使在山"，只是暂时的。再说，水即便"过颡"，"过颡"

之后还是向下落的；水即便"可使在山"，"可使在山"也是水下落的结果。这意味着人之为恶，也是暂时的，一旦挣脱各种外在的不利因素的制约，就会顺性而为而走向"善"。

关于人之为恶或者说人之行为之"恶"的内在原因，孟子曰："恻隐之心，人皆有之；羞恶之心，人皆有之；恭敬之心，人皆有之；是非之心，人皆有之。恻隐之心，仁也；羞恶之心，义也；恭敬之心，礼也；是非之心，智也。仁义礼智，非由外铄我也，我固有之也，弗思耳矣。故曰：'求则得之，舍则失之。'或相倍蓰而无算者，不能尽其才者也。"（《孟子·告子上》）此谓，人皆有"恻隐之心""羞恶之心""恭敬之心""是非之心"等"四心"，此"四心"由仁义礼智等"四德"所构成，因此，仁义礼智为人之固有。面向自己，向内求索，觉知人性中的仁义礼智诸内容，顺性而行，由仁义礼智出发，既展示人性之善，又体现出人之外在行为之善；不愿意直面自己，放弃向内的求索，无视人性中的仁义礼智，违性妄为，违反仁义礼智，既遮蔽人性之善，又使人之外在行为恶而不善。由此可以看出，人之行为之"恶"，在于人不尽其"才"，不发挥人性的善的光辉。

关于人之为恶或者说人之行为之"恶"的内在原因，孟子还曰："恻隐之心，仁之端也；羞恶之心，义之端也；辞让之心，礼之端也；是非之心，智之端也。人之有是四端也，犹其有四体也。有是四端而自谓不能者，自贼者也。"（《孟子·公孙丑上》）此谓人皆有"恻隐之心""羞恶之心""辞让之心""是非之心"等"四心"，此"四心"由仁义礼智之"端"所构成，因此，人有仁义礼智之"端"犹如有"四体"一样，仁义礼智之"端"内在于人。这意味着由人性出发，就是由仁义礼智之"端"出发，就是扩充和践行仁义礼智，展示的就是人性之善以及人之外在行为之善；如果有人认为自己不能践行仁义礼智，而且还在实践中违背仁义礼智，使得自己的外在行为不善而"恶"，那是自己伤害自己的本性，不愿意顺性而为，自暴自弃的缘故。由此可以看出，人之行为之"恶"，在于"自贼"，在于不践行人性之"善"。

由于人性之内容植根于"心"，孟子认为有的人"不能尽其才""自贼"，从而行恶，根本上就是"放其心而不知求"（《孟子·告子上》）。这是将人之为恶的内在原因追溯至心灵世界。

人为什么会"放其心而不知求"？孟子作了如下说明："牛山之木尝美矣，以其郊于大国也，斧斤伐之，可以为美乎？是其日夜之所息，雨露之所润，非无萌蘖之生焉，牛羊又从而牧之，是以若彼濯濯也。人见其濯濯也，以为未尝有材焉，此岂山之性也哉？虽存乎人者，岂无仁义之心哉？其所以放其良心者，亦犹斧斤之于木也，旦旦而伐之，可以为美乎？其日夜之所息，平旦之气，其好恶与人相近也者几希，则其旦昼之所为，有梏亡之矣。梏之反覆，则其夜气不足以存；夜气不足以存，则其违禽兽不远矣。人见其禽兽也，而以为未尝有才焉者，是岂人之情也哉？故苟得其养，无物不长；苟失其养，无物不消。孔子曰：'操则存，舍则亡；出入无时，莫知其乡。'惟心之谓与?"（《孟子·告子上》）

这里，孟子是采用类比的方式加以说明的。孟子的意思是，山的本性是使生长于其上的树木茂盛，生长于其上的树木之所以能够茂盛，原因在于山能够使树木生长，同时，树木还有雨露的滋养。其中，前者属于内因，后者属于外因。可是人们违背山之本性，砍伐树木，又放牧牛羊啃食其枝条、嫩芽，并且毁树的速度超越了树木生长的速度，结果是使树木茂盛的山成为无树之山，同时还以为这山本来就是无树之山，不曾有过茂盛的树木，进而认为山的本性就是不生长树木。由此可知，山之本性的丧失，与山以及山之本性无关，完全是由于人为的因素，或者说，完全是由于外因。与此类似，人本有"仁义之心"或曰"良心"[1]，此乃天之所赋、气之所成，并且此"仁义之心"或曰"良心"依靠自身的力量以及"平旦之气""夜气"等的协助，可以日夜生长，其中，前者属于内因，"平旦之气""夜气"等犹如雨露之于山之树木，乃是外因。可是人们的行为违背仁义，并且其违背仁义的速度超越了"仁义之心"或曰"良心"生长的速度，其违背仁义的程度超越了"仁义之心"或曰"良心"自我修复的能

---

[1] 朱熹曰："良心者，本然之善心，即所谓仁义之心也。"（朱熹：《四书章句集注》，中华书局2015年出版，第337页。）

力，结果是人的"仁义之心"或曰"良心"丧失，或者说被放逐，同时还以为人本来就没有"仁义之心"或曰"良心"，因之本无善良的资质。

这表明，人之"放其良心"或曰"放其心"最根本的原因在于人的行为违逆仁义，破坏、排斥了"仁义之心"，从而丢失"仁义之心"。准确地说，是丢失、抛弃"心"中仁义。至于人的行为为什么要违背仁义，导致"仁义之心"的丢失以及人如禽兽，孟子没有作进一步追问。这么看，导致人之为恶或者说人之行为之"恶"的内在原因，最终又被归结为外在原因。由此可以说，关于人之为恶或者说人之行为之"恶"的原因，表面上看有内在原因与外在原因，从更深层次看，只有外在原因。

总括以上可知，孟子认为人性是人先天具有的资质，这资质又叫"良知""良能"，所以从人性的本质上看，人性就是善的；人性的内容客观上是"德"和"欲"，其中，"德"包括仁义礼智等，"欲"包括耳目鼻口等的感官欲望，但是"德"才应该真正成为人性的内容；人性的内容之所以是"德"，换言之，仁义礼智之所以内在于人，其原因在于"仁义礼智根于心"（《孟子·尽心上》）；"仁义礼智根于心"，是因为"心"由"仁"或曰仁义礼智所构成；"心"由"仁"或曰仁义礼智所构成乃是天之所赋，又是"浩然之气"使然；从人性出发，顺性而为，即意味着从仁义礼智出发，由仁义之道而为，必然有利于他人与社会，在此意义上，人性善；人性善，而有的人的行为

"恶"，是因为其违背人性而为，放逐其"心"。这就是孟子人性论或曰性善论的思路与内容。王阳明基于其心学立场曰："夫心主于身，性具于心，善原于性，孟子之言性善是也。"①可谓道出了孟子人性论或曰性善论的大致的逻辑结构，只是忽视了孟子人性的形上根据与物质基础。

---

① 王守仁：《王阳明全集》，上海古籍出版社2014年出版，第175页。

　　荀子是性恶论者，为历代学者所公认，并为此而受到后儒所诟病。例如，王充曰："孙卿有反孟子，作《性恶》之篇，以为'人性恶，其善者，伪也。'"（《论衡·本性》）就是认为荀子主张性恶论，荀子主张性恶论意在反对孟子的性善论，荀子的性恶论集中于其《性恶》篇。程颐曰："荀子极偏驳，只一句'性恶'，大本已失"（《河南程氏遗书》卷第十九），就是对荀子性恶论的批评。

　　近年来有学者认为荀子不是性恶论者，而是性朴论者，并为此而否定《性恶》篇为荀子所作。其实，荀子人性论有其内在的逻辑结构与丰富内涵，所谓性朴、性恶只是荀子人性论的不同方面，二者并不矛盾，不必因为"发现"荀子的性朴论而就一定要否定荀子的性恶论。此外，《性恶》篇为荀子所作，就算如宣扬荀子是性朴论者所说的那样非荀子所作，同样可以证明荀子是性恶论者。

一、人性的本质：人之生而就有的资质

孔子云"性相近也，习相远也"，认为人性是相似乃至相同的，强调人性的一致性、相同性。荀子受其启发，曰："凡人之性者，尧、舜之与桀、跖，其性一也；君子之与小人，其性一也。"（《荀子·性恶》）"圣人之所以同于众，其不异于众者，性也。"（《荀子·性恶》）即是说所有人都有人性，所有人的人性都是相同的，无论是尧舜还是桀纣，无论是君子还是小人，无论是圣人还是众人，其人性都是相同的，不存在不同的人性。这同时也说明，在人性的维度，所有人都是一样的，尧舜与桀纣、君子与小人、圣人与众人等是没有区别的；人与人的差异，尧舜与桀纣、君子与小人、圣人与众人等的不同，与人性无关。

荀子所谓的人性是相同的，那么，这相同的人性是什么？荀子对此有反复论述："生之所以然者谓之性"（《荀子·正名》），"不事而自然谓之性"（《荀子·正名》），"性者，天之就也"（《荀子·正名》），"凡性者，天之就也，不可学，不可事"（《荀子·性恶》），"不可学、不可事之在天者①谓之性"（《荀子·性恶》）。这是说，人性就是人生来就有的东西，是没有经过任何人为因素改造

①"之在天者"原作"而在人者"，据顾千里之说改。（王先谦：《荀子集解》，中华书局1997年出版，第436页。）

过的、自然的东西，因此，人性不是通过后天的、人为的努力而获得的，通过后天的、人为的努力所获得的东西不是人性。这表明，在荀子看来，人性是自然生成的，是生来就有的，是先天而不可以改变的，人性的特征在于"自然"。简言之，人性在本质意义上就是人的先天具有的自然之资质。

基于人性的先天性、自然性，荀子在单独讨论人性的本质之外，又以"性""伪"相对，论述人性的本质。他说："不可学、不可事之在天者谓之性，可学而能、可事而成之在人者谓之伪。是性伪之分也。"（《荀子·性恶》）这是说，人性是人自然生成的东西，不是后天人为的东西；通过后天的人为因素所获得的东西，只能是"伪"。不仅通过"学""事"等而获得的东西是"伪"，"虑积焉、能习焉而后成谓之伪"（《荀子·正名》），通过"虑""习"等而获得的东西同样是"伪"。也就是说，所有人为的东西都属于"伪"。正因为此，要注意"性""伪"之分，不可混淆"性""伪"，更不可以"伪"为"性"。从性、伪之分出发，荀子认为孟子以仁义礼智为人性内容，其实就是以"伪"为"性"。

从荀子关于"性"与"伪"的分别来看，荀子的这种划分方法明显来自孔子"性相近也，习相远也"关于"性"与"习"的分别。一方面，荀子的"伪"与孔子的"习"在本质的意义上、在后天与人为的意义上是相通的、一致的；另一方面，荀子的"伪"在外延上包括孔子的

"习"，换言之，"习"只是"伪"之一种。荀子的高妙之处就在于将具体之"习"抽象为具有普遍意义之"伪"。

由于人性在本质上就是人之先天的或曰与生俱来的东西，荀子曰"性者，本始材朴也"（《荀子·礼论》），连续使用"本""始""材""朴"等具有原初意味的范畴解释人性，谓人性本质上就是人之本、人之始、人之材、人之朴，是人之最根本的、初生的、本来就具有的资质。由此可以看出，既然人性是人之"本始材朴"，那么，在人性本质的意义上，可以说荀子的人性论就是"性朴论"，或曰性本论、性始论、性材论。

可是，有的学者根据荀子"性者，本始材朴也"之语认定荀子人性论是"性朴论"，而忽略了荀子人性论也可以称为性本论、性始论、性材论，同时，没有认识到所谓的性朴论仅仅是从人性的本质的层面对于荀子人性论的概括，又以荀子的性朴论否定荀子的性恶论，这是明显错误的。

由于人性在本质层面是人之"本""始""材""朴"，荀子又曰："今人之性，生而离其朴，离其资，必失而丧之。"（《荀子·性恶》）谓人性是人之生而就有的"朴""资"，如果人性丧失了"朴""资"，脱离了人之自然素质和资材，就不再是人性。

二、人性的内容：情欲与认知能力

人性在本质上是人之先天的、根本的、原初的东西，是人先天具有的自然之资质，在此意义上荀子的人性论可以说是"性朴论"，或曰性本论、性始论、性材论。那么，荀子所谓的作为人性的人之先天的、根本的、原初的东西，人先天具有的自然之资质究竟是什么，这是需要探究的，而这属于人性的内容、人性的构成问题。

我们来看荀子的说法："性者，天之就也；情者，性之质也；欲者，情之应也。""性之好恶喜怒哀乐谓之情。"（《荀子·正名》）这是说，人性内容其实就是人之情与欲。这是将人性理解为人之生理属性、感官欲望。为此，荀子还对此作了论证，认为"情"与"欲"之所以是人性之内容，是因为"情"出自"性"，是性之好恶喜怒哀乐；"情"是人性的实际内容、是人性的本质的显现，而"欲"又是"情"的发显、"情"对外界的自然反应。

正因为如此，徐复观先生才说："荀子虽然在概念上把性、情、欲三者加以界定；但在事实上，性、情、欲，是一个东西的三个名称。而荀子性论的特色，正在于以欲为性。"①也正因为如此，荀子有时"性""情"连用，乃至视"情性"为复合词，同时认为人之"性"就是人之

① 徐复观：《中国人性论史·先秦篇》，上海三联书店2001年出版，第205页。

"情性"："今人之性，饥而欲饱，寒而欲暖，劳而欲休，此人之情性也。"（《荀子·性恶》）"若夫目好色，耳好声，口好味，心好利，骨体肤理好愉佚，是皆生于人之情性者也，感而自然，不待事而后生之者也。"（《荀子·性恶》）

这是说，人性就是人的"情性"，具体说来就是人之"饥而欲饱，寒而欲暖，劳而欲休"之类的感官欲望或曰生理欲求，表现为"目好色，耳好声，口好味，心好利，骨体肤理好愉佚"之类对于感官欲望的强烈追求以及基于这些追求而产生的"心"对于欲望的追求。由此可知，人性涵括衣食住行等多方面的欲望，包括口、耳、目、体等多个感官的欲求。

这里值得注意的是，荀子认为人的感官欲望、生理欲求是"不待事而后生"者，也就是说，是天生的，而非人为的。这也从人性的本质的维度论证了人的感官欲望、生理欲求是人性的内容的原因。人之感官欲望、生理欲求是"性"，与其相对的就只能是"伪"，所以荀子紧接着说："夫感而不能然，必且待事而后然者，谓之生于伪"（《荀子·性恶》），认为"必且待事而后然者"都属于后天的人为，都是"伪"的范畴。

当然，关于人性之内容为感官欲望、生理欲求，荀子在《荣辱》篇、《非相》篇中用相同的文字加以论证："饥而欲食，寒而欲暖，劳而欲息，好利而恶害，是人之所生而有也，是无待而然者也。"这是说，人之感官欲望、生理欲求之所以是人性的内容，原因就在于感官欲望、生理欲求是人生而就有的，是不需要人为努力就有的，合乎人性的本质规定。

正因为人性的内容是情、欲，是感官欲望、生理欲求，所以荀子有时又干脆以"情"论性："人之情，食欲有刍豢，衣欲有文绣，行欲有舆马，又欲夫余财蓄积之富也，然而穷年累世不知不足[1]，是人之情也。"（《荀子·荣辱》）"夫人之情，目欲綦色，耳欲綦声，口欲綦味，鼻欲綦臭，心欲綦佚。此五綦者，人情之所必不免也。"（《荀子·王霸》）这里，荀子关于人之"情"的论述与其关于人之"情性"的论述不仅在本质上是一样的，在内容上也是一样的。从这里可以看出，荀子所谓的"情"不是道德意义上的"情"，而是"情欲"之"情"、欲望之"情"。

由于感官欲望的满足常常需要"权力"作保证，又由于作为个体存在的人的感官欲望与作为社会存在的人的社会欲望尤其是政治欲望常常是紧密相连的，"荀子还把人的感官欲望发挥为人的政治欲望，把人的政治欲望也纳入人性之中"[2]。所以，荀子曰："夫贵为天子，富有天下，是人情之所同欲也。"（《荀子·荣辱》）"夫贵为天子，

① 杨倞曰："'不知不足'，当为'不知足'，剩'不'字。"（王先谦：《荀子集解》，中华书局1988年出版，第67页。）

② 陆建华：《荀子礼学研究》，安徽大学出版社2004年出版，第50页。

富有天下，名为圣王，兼制人，人莫得而制也，是人情之所同欲也。"（《荀子·王霸》）这是说，取得天子那样的尊贵的地位，拥有整个天下的财富，获得圣王一样的名声，可以统治所有的人，这是人的欲望的极致，也是人性的内容。不过，由于荀子把人的政治欲望看作人的感官欲望的拓展，认为这种政治欲望在很大程度上可以统摄于感官欲望之内，因而对此没有作过多的论述。

基于人性的内容是人之感官欲望和政治欲望，准确地说，基于人性的内容是人之感官欲望并包括政治欲望，所以《荀子·王霸》曰："重色而衣之，重味而食之，重财物而制之，合天下而君之，饮食甚厚，声乐甚大，台谢甚高，园囿甚广，臣使诸侯，一天下，是又人情之所同欲也"；"制度以陈，政令以挟，官人失要则死，公侯失礼则幽，四方之国有侈离之德则必灭，名声若日月，功绩如天地，天下之人应之如景向，是又人情之所同欲也"；"故人之情，口好味而臭味莫美焉，耳好声而声乐莫大焉，目好色而文章致繁妇女莫众焉，形体好佚而安重闲静莫愉焉，心好利而谷禄莫厚焉，合天下之所同愿兼而有之"。直接将人之感官欲望与政治欲望列为"人情之所同欲"，也即列为人性的内容，同时认为顺性而为就是追逐感官欲望与政治欲望，实现感官欲望与政治欲望的最大程度的满足。这里需要注意的是，顺性而为意味着纵情纵欲，而纵情纵欲则意味着不仅对己有害，对他人也有害。在此意义上，我们就可以判定荀子认为人性恶。因此，有的学者就算否定《性恶》篇为荀子所作，也不能证明荀子不是性恶论者。

除了将感官欲望以及与之相应的政治欲望列为人性的内容，荀子还将人的认知能力列为人性的内容。他说："凡以知，人之性也；可以知，物之理也"（《荀子·解蔽》），明确指出人的认知能力是人性的内容，同时指出人的认知能力不仅取决于人自身，还取决于认知对象的可知性。那么，为什么人的认知能力是人性的内容？荀子解释道"人生而有知"（《荀子·解蔽》），就是说，人的认知能力是生而就有的，或者说，人生而就有认知能力，所以其属于人性的内容。这是从人性的本质的维度论证人的认知能力是人性的内容。

作为人性内容的人的认知能力，荀子作了非常详细的说明。他说："今人之性，目可以见，耳可以听。夫可以见之明不离目，可以听之聪不离耳，目明而耳聪，不可学明矣"（《荀子·性恶》）。"目辨白黑美恶，耳辨音声清浊，口辨酸咸甘苦，鼻辨芬芳腥臊，骨体肤理辨寒暑疾养，是又人之所生而有也①，是无待而然者也"（《荀子·荣辱》）。"心生而有知"（《荀子·解蔽》）。这是说，作为人性内容的人之认知能力包括感性认知能力和理性认知能力，其中，感性认知能力是耳、目、鼻、口等感性认知器官生而就有的，理性认知能力是"心"这种理性认知器

---

① "所生而有也"原作"所常生而有也"，据王先谦之说删"常"字。（王先谦：《荀子集解》，中华书局1997年出版，第63页。）

官生而就有的。这里，荀子将人之认知能力奠基于人之物质器官——认知器官，将人之认知能力看作人之物质器官——认知器官所固有的能力，这是其高明之处。这样，既解释了人为何有认知能力，又顺便解释了人的认知能力的先天性问题。

从"性"字的结构来看，人性包括"心"与"生"两个方面，荀子将人性内容理解为人之情欲与人之认知能力，前者涉及人性中的"生"的一面，后者涉及人性中的"心"的一面。这种对人性内容的理解是全面的、完整的。不过，荀子出于论证人性"恶"的需要，对于人性中关于认知能力这一内容没有作过多的论述，并且其在论证人性恶时，对此还是回避的。这么看，在荀子那里，人性的内容客观上包括人之情、欲与人之认知能力，包括"性"字的"心""生"两面，但是主观上荀子更看重情、欲为人性的内容，更看重人性中的"生"。

在讨论人性的本质时，荀子认为人性在本质上是相同的；而在讨论人性的内容时，荀子同样认为人性在内容的层面也是相同的。这样，荀子所谓"凡人之性者，尧、舜之与桀、跖，其性一也；君子之与小人，其性一也"（《荀子·性恶》），就有表达人性在本质与内容的层面都相同的意味。关于人性内容的相同性，荀子曰："材性知能，君子、小人一也。好荣恶辱，好利恶害，是君子、小人之所同也"（《荀子·荣辱》），"凡人有所一同：饥而欲食，寒而欲暖，劳而欲息，好利而恶害，是人之所生而有也，是无待而然者也，是禹、桀之所同也。目辨白黑美恶，耳辨音声清浊，口辨酸咸甘苦，鼻辨芬芳腥臊，骨体肤理辨寒暑疾养，是又人之所生而有也，是无待而然者也，是禹、桀之所同也。"（《荀子·荣辱》）这是说，人性的内容、人的感官欲望和认知能力是相同的，无论是君子还是小人，无论是圣王还是暴君，具体而言，无论是尧、舜还是桀、跖，无论是禹还是桀，其人性的内容都是相同的，不存在不同的人性内容。这也说明，在人性的内容的维度，人是一样的、无差别的；人与人的差别不仅与人性的本质无关，也与人性的内容无关；人与人的差别、不同是后天的，而不是先天的。

三、人性的根据：气

荀子将人之情欲以及人之认知能力认定为人性的内容，理由是这些都是人生而就有的东西，是不需要通过教育等后天努力就拥有的。那么，人性从何而来？或者说，人性的内容从何而来？

我们首先来看我们曾经引用过的荀子的以下文字："若夫目好色，耳好声，口好味，心好利，骨体肤理好愉佚，是皆生于人之情性者也，感而自然，不待事而后生之者也"（《荀子·性恶》）。"目辨白黑美恶，耳辨音声清浊，口辨酸咸甘苦，鼻辨芬芳腥臊，骨体肤理辨寒暑疾养，是又人之所生而有也，是无待而然者也"（《荀子·

荣辱》）。"人生而有知"（《荀子·解蔽》）。"心生而有知"（《荀子·解蔽》）。

这里，荀子认为作为人性的内容的人之情欲以及人之认知能力是人之目、耳、口、鼻、心等身体器官的职能和欲望，而人之目、耳、口、鼻、心等身体器官是人的组成部分。这是从人体自身的维度论证人性或者说人性的内容——人之情欲以及人之认知能力的由来。

但是，人体从何而来？人之目、耳、口、鼻、心等身体器官从何而来？这需要从形而上的高度予以证明。对于此，荀子曾尝试从本体论的高度予以证明："水火有气而无生，草木有生而无知，禽兽有知而无义，人有气、有生、有知，亦且有义，故最为天下贵也。"（《荀子·王制》）至于荀子所云"天地者，生之始也"（《荀子·王制》），"天地者，生之本也"，"天地合而万物生"，"天能生物"（《荀子·礼论》），只是说天地是万物生存的根本，天地使万物得以生存，天地给万物的生存提供了基础，并不具有本体论意蕴，不能算是对人性的本体论证明，这是需要注意的。

由荀子所云"水火有气而无生，草木有生而无知，禽兽有知而无义，人有气、有生、有知，亦且有义，故最为天下贵也"（《荀子·王制》），可以看出，在荀子看来，宇宙万物都由气所构成，气是宇宙万物的本体，从"气"的高度审视宇宙万物，宇宙万物是相同的，至于宇宙万物之间的区别，则在于宇宙万物的具体的属性，越是高级的物种，其所具有的属性越多。对于人来说，作为最为高级的存在，相比于水火所具有的"气"的属性，草木所具有的"气""生"的属性，禽兽所具有的"气""生""知"的属性，人除了具有"气""生""知"的属性，还具有"义"的属性，并且以其所具有的"义"这种独特的属性区别并优越于其他任何事物；就物种之间的本质区别来说，低级物种所不具有的属性，就是相对高级的物种所具有的特殊的属性，这特殊的属性就是这种物种的本性。这么看，水火是由"气"所构成的存在，草木是有生命的存在，禽兽是有智力的存在，人是有礼义的存在。也就是说，水火的本性是"气"，草木的本性是"生"，禽兽的本性是"智"，人的本性是"义"。这么看，水火的本性就是"气"，而草木、禽兽和人所分别具有的本性"生""智""义"都出自"气"。"气"因为是宇宙万物的本体，从而成为宇宙万物的本性的形上根据。

但是因为荀子认为人性的内容是人之情欲以及人之认知能力，相当于草木、禽兽所分别具有的"生"与"知"，而此处的本体论证明所得出的结论居然是人性的内容是礼义，并且这种证明结果恰恰是对孟子人性内容为仁义礼智的观点的论证，而孟子的人性论是荀子所极力反对的。这让荀子不得不放弃对于人性内容的本体论证明，回避人性内容的形上根据。所以，荀子关于人性内容的本体论证明就这一处，而且还是失败的。

不过，失之东隅，收之桑榆，让荀子意想不到的是，其以"水火有气而无生，草木有生而无知，禽兽有知而无义，人有气、有生、有知，亦且有义，故最为天下贵也"（《荀子·王制》），论证人性的形上根据、人性以及人性的内容的由来虽然失败了，但是此段文字对于论证其人的本质的学说却是十分恰当的。

关于人的本质，荀子曰："人之所以为人者，何已也？曰：以其有辨也。饥而欲食，寒而欲暖，劳而欲息，好利而恶害，是人之所生而有也，是无待而然者也，是禹、桀之所同也。然则人之所以为人者，非特以二足而无毛也，以其有辨也。今夫狌狌形笑，亦二足而无毛也，然而君子啜其羹，食其胾。故人之所以为人者，非特以其二足而无毛也，以其有辨也。夫禽兽有父子而无父子之亲，有牝牡而无男女之别，故人道莫不有辨"（《荀子·非相》），"辨莫大于分，分莫大于礼"（《荀子·非相》）。这"明确断定人之所以为人者，亦即人的本质不在于人之与生俱来的先天本能——人性，也不在于人的形体外表——形体外表甚至不足以分开人与猩猩，而在于'辨'"，也即"礼"[1]，或者说"礼义"。这表明，人的本质是人与禽兽、与宇宙万物区别之所在，只有礼、礼义才能将人与禽兽、与宇宙万物相区别。而礼、礼义从何而来，其形上根据何在？按照荀子的说法，就是"水火有气而无生，草木有生而无知，禽兽有知而无义，人有气、有生、有知，亦且有

———————

① 陆建华：《荀子礼学研究》，安徽大学出版社2004年出版，第76页。

义，故最为天下贵也"（《荀子·王制》）。这是说，"义"①也即礼、礼义从本体之"气"而来，其形上根据是本体之"气"。可惜的是，荀子对此没有注意到。

当然，我们认为荀子对此没有注意到，也许并非事实，而是荀子有其苦衷而故意忽略之。我们知道，气为礼本，意味着礼源于气，意味着礼之于人的先天性，礼是人生而就有的东西。如果是这样的话，就意味着礼也是人性的内容，这与荀子反对孟子以仁义礼智为人性内容的观点不相符合，与荀子"今人之性，故无礼义"（《荀子·性恶》）的主张相背离。所以，不得已，荀子只得故意忽略之。

对于荀子从本体之气的高度论证人性的内容的尝试，当代学者不太注意。之所以不太注意，原因就在于荀子虽然将本体之气与"生""知"相联系，为"生""知"提供本体论证明，但是在其证明过程中未能将"生""知"列为人性的内容，而是将"生""知"分别列为草木与禽兽的本性。牟宗三先生却意识到了这一点："荀子虽直接就人之生物本能，生理欲望，心理情绪（总之大体是人之动物性），以言性，与就气言性者尚有间，然性总是沉淀在下者，则无疑……在荀子，'气'这个形而上的或抽象的概念尚未提炼出而已。既如此，则荀子言性亦可划在'用

① "由于'行义以礼，然后义也'（《荀子·大略》），合乎礼为义，礼统摄、涵容义，故义为人本，即是礼为人本。"（陆建华：《荀子礼学研究》，安徽大学出版社2004年出版，第77页。）

气为性'一路里。"①在此意义上，牟宗三先生认为荀子的"用气为性"属于"顺气而言性"。关于"顺气而言性"，牟宗三先生曰："顺气而言性，则上溯性之根源为'元一之气'，简称曰'元气'，或直曰'气'……顺气而言性，则性是气之下委于个体。就人物而言，则曰'初禀'，即禀而受之以为性。"②在牟宗三先生看来，荀子虽然未能提炼、抽象出本体之气，但是其所谓人性、人性的内容无疑源于"气"，简言之，荀子的人性或曰人性的内容的形上根据就是"气"。

这里，牟宗三先生认为荀子所谓的人性就是人之情欲、人之动物性，看到了荀子欲从"气"的高度论证人性、人性内容也即人之情欲、人之动物性的由来，看到了荀子欲将人性、人性的内容或曰人之情欲、人之动物性与"气"相联系，但是没有注意到荀子言及"气"，其所谓的"气"其实就是抽象的本体之气，没有注意到荀子欲将人性、人性的内容与"气"相联系时所遭遇的理论困境。之所以如此，在于牟宗三先生像绝大多数学者一样，忽视了荀子"水火有气而无生，草木有生而无知，禽兽有知而无义，人有气、有生、有知，亦且有义，故最为天下贵也"（《荀子·王制》）这条史料。

---

① 牟宗三：《才性与玄理》，吉林出版集团有限责任公司2010年出版，第20页。

② 牟宗三：《才性与玄理》，吉林出版集团有限责任公司2010年出版，第3—4页。

事实上，牟宗三先生的观点明显是受宋儒的影响。我们知道，张载将人性分为"天地之性"和"气质之性"，认为二者都源于"气"。二程将人性分为"天命之谓性"与"生之谓性"，也即分为天命之性与气禀之性，认为前者出自"理"，后者出自"气"，由于二程以"理"为本，因而以为天命之性更为根本，并且曰："论性不论气，不备；论气不论性，不明。"（《河南程氏遗书》卷第六）朱熹继承张载关于"天地之性"和"气质之性"的划分，却以为"天地之性"出于"理"，"气质之性"出于"理"和"气"二者，又继承二程的理本论，以为"天地之性"更为根本。朱熹引二程上述文字，用以评论孟子、荀子、扬雄的人性论："程子：'论性不论气，不备；论气不论性，不明。'如孟子'性善'，是论性不论气；荀扬异说，是论气则昧了性。"（《朱子语类》卷第五十九）这里，朱熹认为荀子所言的人性相当于"气质之性""气禀之性"，其形上根据是"气"。朱熹虽然以宋儒的人性学说评判荀子的人性学说，但是毕竟看到了荀子的理论中人性、人性内容与"气"的内在联系，看到了荀子为人性提供形上根据所作的努力。不过，朱熹认为"孟子'性善'，是论性不论气"，似有失误，没有看到孟子所谓的人性与"气"，特别是"浩然之气"之间的内在联系①。

---

① 关于孟子的性、气关系，参见陆建华：《孟子之气论——兼及心、性、气三者的关系》，《中原文化研究》2015年第5期。

四、人性的价值指向（上）：恶

由于人性的内容是人之情欲与认知能力，顺性而为，从人之情欲的角度看就是放纵情欲而为，而放纵情欲的结果是对他人、对社会有害无益。正是在此意义上，荀子从道德的维度对人性作价值判断，判定人性恶。而为了论证人性恶，荀子在讨论人性的价值指向时，其所谓的人性内容特指人之情欲，而不包括人之认知能力；为了论证人性恶，荀子还专门写有《性恶》篇。

从《性恶》篇可以看出，荀子论证人性恶，意在为礼的出现、存在提供依据，为其礼治思想提供理论证明。戴震也曰："荀子在孟子后，直以为性恶，而伸其崇礼义之说。"（《孟子字义疏证》卷中）基于此，其论证人性恶与其论证礼的产生、存在的必然性是二而一的。这就是《性恶》篇中的文字，论性与论礼交织在一起而不可分割开来的原因。

当然，这种致思路径在《礼论》篇中也存在。这就是为什么荀子论礼，要引入"性"。《礼论》篇开头就说："礼起于何也？曰：人生而有欲，欲而不得，则不能无求；求而无度量分界，则不能不争；争则乱，乱则穷。先王恶其乱也，故制礼义以分之，以养人之欲，给人之求，使欲必不穷乎物，物必不屈于欲，两者相持而长，是礼之所起也。"（《荀子·礼论》）这无非是说，人性的内容为人的情欲，如果仅仅顺从人性的内在需求而为，人就会被欲望所左右，无所限制地追求欲望的满足，从而发生人与人的争夺，导致社会混乱、国家穷困，这说明人性是恶的，需要有外在的强制性的规范加以约束，而这种强制性的规范就是"礼"。这是礼出现的"理由"。至于具体的礼乐制度，则是由"先王"制作出来的，或者说，制礼作乐的主体是"先王"。而礼的价值就在于通过划定人们的社会等级，确定人的欲望的满足程度与满足方式，使得有限的物质财富与人的被节制的欲望之间得到协调，从而既满足了人们的被节制的欲望，又保证了物质财富的充足，既规定了人的行为，又治理了国家。

我们来看《性恶》篇中的有关文字。其一，"今人之性，生而有好利焉，顺是，故争夺生而辞让亡焉；生而有疾恶焉，顺是，故残贼生而忠信亡焉；生而有耳目之欲，有好声色焉，顺是，故淫乱生而礼义文理亡焉。然则从人之性，顺人之情，必出于争夺，合于犯分乱理而归于暴。故必将有师法之化，礼义之道，然后出于辞让，合于文理，而归于治。用此观之，然则人之性恶明矣，其善者伪也。"这是说，人性由人之情欲所构成，体现为生而就有的贪图私利、憎恨他人、耳目之欲与声色之好，顺着人性之所欲而发展，就是放任人们贪图私利、憎恨他人，任由人们放纵耳目之欲、声色之好，其结果是人们因之而产生相互争夺、彼此残害、沉湎淫乱等，所导致的后果是辞让、忠信等道德的沦丧以及礼义制度的崩坏，而道德沦丧、礼义制度的崩坏则意味着等级名分、社会秩序等的破坏，国家甚至陷入暴乱。这表明，人性恶。而正因为人性恶，才需要"师法"的教化与礼义的引导，使人们重新回到道德、礼义的架构中，从而使社会走向安定。这里，人性恶是礼得以存在的"理由"。

其二，"今人之性恶，必将待师法然后正，得礼义然后治。今人无师法，则偏险而不正；无礼义，则悖乱而不治。古者圣王以人之性恶，以为偏险而不正，悖乱而不治，是以为之起礼义，制法度，以矫饰人之情性而正之，以扰化人之情性而导之也。始皆出于治，合于道者也。今之人，化师法，积文学，道礼义者为君子；纵性情，安恣睢，而违礼义者为小人。用此观之，然则人之性恶明矣，其善者伪也。"这是说，放纵性情就会为非作歹、邪恶不端、违背礼义，就会成为危害他人、危害社会的小人，因此，人性恶。而正因为人性恶，才需要"师法"之化与礼义规范，约束、整治人性，使人们受到礼义、教化的熏陶，从而成为有利于他人、有利于社会的君子。而礼义、法度出自古代的圣王之手。这里，同样的，人性恶是礼得以存在的"理由"。

其三，"今人之性，饥而欲饱，寒而欲暖，劳而欲休，此人之情性也。今人饥，见长而不敢先食者，将有所让也；劳而不敢求息者，将有所代也。夫子之让乎父，弟之让乎兄；子之代乎父，弟之代乎兄，此二行者，皆反于性而悖于情也。然而孝子之道，礼义之文理也。故顺情性则不辞让矣，辞让则悖于情性矣。用此观之，然则人之性恶明矣，其善者伪也。"这是说，人性就是人的欲望，表现为人对于饱暖、休息等的自然的追求，顺乎人性，顺乎人的欲望的追求，就会违背孝悌之德、违反礼义制度，因此，人性是恶的。人们的行为之所以能够合乎道德规范、之所以能够是"善"的，是违背人性、背离情欲的结果，是遵守孝悌之道、礼义制度的结果。这还是在论证人性恶的同时，论证礼的存在及其价值。

其四，"凡古今天下之所谓善者，正理平治也；所谓恶者，偏险悖乱也。是善恶之分也已。今诚以人之性固正理平治邪？则有恶用圣王，恶用礼义矣哉！虽有圣王礼义，将曷加于正理平治也哉！今不然，人之性恶。故古者圣人以人之性恶，以为偏险而不正，悖乱而不治，故为之立君上之埶以临之，明礼义以化之，起法正以治之，重刑罚以禁之，使天下皆出于治，合于善也。是圣王之治而礼义之化也。今当试去君上之埶，无礼义之化，去法正之治，无刑罚之禁，倚而观天下民人之相与也。若是，则夫强者害弱而夺之，众者暴寡而哗之，天下之悖乱而相亡，不待顷矣。用此观之，然则人之性恶明矣，其善者伪也。"荀子在此先界定"善"与"恶"，或者说，先确定善恶标准，然后据此判定人性是善还是恶。在荀子看来，判定善恶的标准是礼义法度，合乎礼义法度，能实现天下之"治"者为"善"；违反礼义法度，邪恶奸险，使国家"乱"而不治者为"恶"。而任由人性自由发展，就会出现弱肉强食、作奸犯科、犯上作乱、背弃礼义等现象，所以人性是恶的。正因为人性恶，所以才需要古代的圣王以及古代的圣王所制作的礼义法度。

由此可以看出，荀子在《性恶》篇中立足于人性内容中的情欲，反复论证人性恶，从而为礼的出现铺平道路，虽然其论证手法相对单一。

从总体上看，荀子认为"凡礼义者，是生于圣人之伪，非故生于人之性也"；"故圣人化性而起伪，伪起而生礼义，礼义生而制法度。然则礼义法度者，是圣人之所生也。故圣人之所以同于众，其不异于众者，性也；所以异而过众者，伪也。夫好利而欲得者，此人之情性也"（《荀子·性恶》）。就是说，人性的内容是情欲，而不是礼义，礼义是后天的；人性中的情欲表现为"好利而欲得"，所以人性是恶的。无论是圣人还是众人，其人性都是恶的，从人性之维审视圣人与众人，都是一样的；礼义法度是后天的、人为的，圣人与众人的划分在于礼义道德，从礼义道德之维审视圣人与众人，是不一样的。简言之，圣人区别并超越众人，不在于"性"，而在于礼义法度，而礼义法度出自圣人之"伪"，出自圣人后天的人为的努力。由于人性恶，圣人通过"伪"制礼作乐，制作礼义法度，在此意义上可以说，礼义法度产生于圣人；圣人制作礼义法度，用以教化人性、制约人性，使得人性被限定在"礼"所规定的范围内。

五、人性的价值指向（下）：恶

有的学者有时回避刘向《孙卿新书序录》中"孟子者，亦大儒，以人之性善，孙卿后孟子百余年。孙卿以为人性恶，故作《性恶》一篇，以非孟子"①等文字，声称"荀子本人不主张性恶，而他的后学主张性恶；《性恶》为荀子后学所作"②，"荀子不可能写《性恶》，他不是性恶论者"③，甚至还依据刘向所整理的《孙卿新书》将《性恶》列于《子道》与《法行》之间，而《子道》《法行》在杨倞看来不是荀子所作，论证《性恶》不是荀子所作④。这是很不严谨的。因为在《孙卿新书序录》中，刘向已经明确说《性恶》乃荀子所作，而且在《孙卿新书序录》中，刘向并没有说其所整理的荀子著作《孙卿新书》中有哪些文章不是荀子所作，而是认为书中所有文章都是荀子所作。

由于刘向在《孙卿新书序录》中明确写道"孟子者，亦大儒，以人之性善，孙卿后孟子百余年。孙卿以为人性

① 王先谦：《荀子集解》，中华书局1988年出版，第558页。

② 周炽成：《荀子乃性朴论者，非性恶论者》，《邯郸学院学报》2012年第4期，第29页。

③ 周炽成：《荀子乃性朴论者，非性恶论者》，《邯郸学院学报》2012年第4期，第30页。

④ 周炽成：《以性恶论说荀子的困境及其摆脱》，《现代哲学》2017年第1期，第126—132页。

恶，故作《性恶》一篇，以非孟子"，单靠回避不能解决问题，该学者在没有任何确凿证据的前提下，要么以"刘向是一个伟大的文献学家和目录学家，但从严格的意义上说，却不是一个思想家。他没有看到《性恶》一篇与他篇的严重冲突，没有看到性恶思想跟荀子整体思想的严重相悖，以为凡是以荀子名义写的，都确实是出自荀子本人之手"[1]为由，认定"刘向制造了一个两千年的冤案，使荀子长期背了'性恶论者'的黑锅"[2]，否定《性恶》篇为荀子所作；要么以"这些话应该是后人加的，而不是刘向的《孙卿书录》所原有的"[3]为由，否定这些文字为刘向所作，从而否定《性恶》篇为荀子所作。这同样是很不严谨的。退一步说，就算这些文字不是刘向所作，而是后人加上去的，也不能断定《性恶》篇不是荀子所作，因为刘向并没有断定《性恶》篇不是荀子所作。

事实上，《性恶》篇为荀子所作早已是定论。如前所述，把荀子作品除去重复的，整理成32篇本的刘向，作《孙卿新书序录》，认为《性恶》篇为荀子所作："孟子者，亦大儒，以人之性善，孙卿后孟子百余年。孙卿以为人性

---

[1] 周炽成：《荀子非性恶论者辩》，《广东社会科学》2009年第2期，第50页。

[2] 周炽成：《荀子非性恶论者辩》，《广东社会科学》2009年第2期，第50页。

[3] 周炽成：《〈性恶〉出自荀子后学考——从刘向的编辑与〈性恶〉的文本结构看》，《中山大学学报》（社会科学版）2015年第6期，第90页。

恶，故作《性恶》一篇，以非孟子。"历史上第一个给
《荀子》作注的杨倞也认为《性恶》篇为荀子所作："当战
国时，竞为贪乱，不修仁义，而荀卿明于治道，知其可
化，无势位以临之，故激愤而著此论。……旧第二十六，
今以是荀卿论议之语，故亦升在上。"[1]还有，历史上最早
系统研究荀子人性学说的王充[2]也明确说："孙卿有反孟
子，作《性恶》之篇，以为'人性恶，其善者，伪也。'"
（《论衡·本性》）

　　退一步说，就算如有的学者所言，《性恶》篇不是荀
子所作，"性恶"二字不见于《荀子》中其他文章，我们
也能证明荀子认为人性恶。这里暂且不谈荀子认为人性的
内容是人之情欲与认知能力，顺性而为在人性的内容为人
之情欲的意义上就是纵情纵欲，而纵情纵欲必然伤及他
人、危害社会，这已经说明人性恶。

　　我们先看《荀子·荣辱》的有关论述。其一，"人之
生固小人，无师无法则唯利之见耳。"这里，荀子认为人
天生就是小人，或者说，从人性之维看就是小人，表现为
天生就唯利是图。而唯利是图必将弃道德礼义于不顾，必
将危害他人与社会。这表明，在荀子看来人性是恶的。而
正因为人性恶，所以荀子认为需要"师""法"约束之。
其二，"从人之欲，则埶不能容，物不能赡也。故先王案

　　① 王先谦：《荀子集解》，中华书局1988年出版，第434页。
　　② 参见陆建华：《王充视界中的儒家人性学说——以〈论衡·
本性〉为中心》，《孔孟学报》第91期，第19—40页。

为之制礼义以分之，使有贵贱之等，长幼之差，知愚、能不能之分，皆使人载其事而各得其宜，然后使悫禄多少厚薄之称，是夫群居和一之道也。"这里，荀子反对放纵人性、纵情纵欲，认为社会的物质财富不能满足人欲横流，必须用礼来确定人们的社会等级，划分人们的尊卑、贵贱、长幼等，约束人们的欲望。从这也可以看出，在荀子的心中人性是恶的。而正因为人性是恶的，才需要作为外在规范的礼。

我们再看《荀子·儒效》的有关论述。其一，"人无师法则隆性矣，有师法则隆积矣，而师法者，所得乎情①，非所受乎性，性②不足以独立而治。性也者，吾所不能为也，然而可化也；情也者，非吾所有也，然而可为也。注错习俗，所以化性也；并一而不二，所以成积也"。荀子的意思是，人性不能够自我管理，不能够自己走向善，所以不可以"隆性"，也即不可以放任人性的自由发展，需要"师法"的约束与引导，需要"化性"，也即对人性进行教化。这里，荀子所言的人性肯定是恶的。其二，"人知谨注错，慎习俗，大积靡，则为君子矣；纵性情而不足

---

① 杨倞曰："或曰：'情'，当为'积'。"王念孙曰："此及下文杨注所称或说改'情'为'积'者，皆是也。"（王先谦：《荀子集解》，中华书局1988年出版，第143页。）

② 此"性"字，依王念孙之说补。王念孙曰："'不足以独立而治'上，当更有一'性'字，言性不足以独立而治，必待积习以化之也。故下文曰：'性也者，吾所不能为也，然而可化也。'"（王先谦：《荀子集解》，中华书局1988年出版，第143页。）

问学，则为小人矣"。这是说，通过后天的、人为的努力，经过长期的磨炼，才能够成为君子，相反，如果放纵天生就有的性情，任由人性驱使，而不去学习、积累，就会成为小人。这里，荀子认为顺性纵情就会成为小人，其所谓的人性无疑是恶的。

我们接下来看《荀子·礼论》的有关论述："人生而有欲，欲而不得，则不能无求；求而无度量分界，则不能不争；争则乱，乱则穷。"这是说，人是欲望的存在，为了满足人性的需求、自身的欲望，人们将争斗，并因此而导致国家混乱、穷困，得不到治理。这里，荀子所论及的人性理所当然是恶的。

最后，我们再来看《荀子·正名》的有关论述："性者，天之就也；情者，性之质也；欲者，情之应也……虽为守门，欲不可去，性之具也。虽为天子，欲不可尽。"这是说，人性是指人的情欲、人的欲望，即便看门者也有自己的欲望，而不能舍弃自己的欲望，即便像天子这样的高贵者，其欲望也是没有尽头的。正因为此，欲望的满足如果没有节制、没有外在规范的制约，必将造成人与人之间的争夺以及社会的混乱。这说明，人性是恶的。

由上可知，荀子的人性论从道德维度看就是性恶论，其价值是负面的。荀子的性恶论不仅存在于《性恶》篇，还存在于《荀子》中的其他文章。正是在此意义上，徐复观先生才说：荀子"性恶的主张，散见于全书各处"[1]。

六、对孟子性善论的批评

在论述人性的价值指向时，我们可以看出，荀子写《性恶》篇意在为"礼"的出场提供理论依据。但是荀子论述人性恶，必须面对孟子的人性善。为此，荀子不仅在《性恶》篇中对孟子的性善论作了较为集中的批评，而且还通过批评孟子的性善论以证明自己的性恶论。可以说，荀子宣扬自己的性恶论与批评孟子的性善论是二而一的。对于孟子的人性善主张，荀子在《性恶》篇中的批评如下。

其一，"孟子曰：'人之学者，其性善。'曰：是不然。是不及知人之性，而不察乎人之性伪之分者也。凡性者，天之就也，不可学，不可事；礼义者，圣人之所生也，人之所学而能，所事而成者也。"针对孟子立足人性善，认为人之所以能够通过后天的学习懂得礼义，是因为人性是善的，由性出发就会"发现"人性中固有的礼义。荀子从其性恶论立场出发加以反驳，认为礼义产生于圣人的制作，礼义之于人是后天的，因此，礼义不属于人性的内容，人们认知、获得礼义需要通过后天的学习，而孟子的错误就在于不懂得性伪之分，错把后天之"伪"当作先天

---

① 徐复观：《中国人性论史·先秦篇》，上海三联书店2001年出版，第206页。

之"性"。这里不难看出，孟子所谓的"学"以知礼本质上就是向内求索，"发现"人性的内容；荀子所谓的"学"以知礼本质上就是向外求索，获得外在的礼义。这里，荀子是从性伪之分的角度批评孟子的性善论的。

其二，"今人之性，目可以见，耳可以听。夫可以见之明不离目，可以听之聪不离耳，目明而耳聪，不可学明矣。孟子曰：'今人之性善，将皆失丧其性，故恶①也。'曰：若是，则过矣。今人之性，生而离其朴，离其资，必失而丧之。用此观之，然则人之性恶明矣。所谓性善者，不离其朴而美之，不离其资而利之也。使夫资朴之于美，心意之于善，若夫可以见之明不离目，可以听之聪不离耳，故曰目明而耳聪也。"针对孟子立足人性善，解释人之外在行为之"恶"，认为人之外在行为之"恶"在于人丧失本性、失却本性中的"善"，荀子从人性的本质层面入手加以批评。荀子认为人性是人生而就有的东西，不是后天学习得到的东西，以此为标准，审视人的视觉、听觉等感性认知能力，人的视觉、听觉等感性认知能力属于人性，是人性的内容；所谓人性的丧失是指人脱离、违背其自然的素质、固有的资材，所谓人性善应是指不脱离、顺应人的自然的素质、固有的资材就有善良与美好，就如同人的视觉、听觉等感性认知能力离不开眼睛、耳朵一样。

---

① 此"恶"字系根据杨倞注孟子之言所增补。杨倞曰："孟子言失丧本性，故恶也。"（王先谦：《荀子集解》，中华书局1988年出版，第436页。）

据此审视孟子所谓的人性内容仁义礼智，都不是人性的内容，因为它们不是人生而就有的；由于仁义礼智等道德规范不属于人性，那么，人性的价值指向就不是"善"；由于人性并不"善"，人们的外在行为的"恶"就不是丧失本性的缘故。这里，荀子不同于论证人性恶时，把人性限定在情欲的领域，或者说以人性中的情欲论证人性恶，在批评孟子的人性善时，把人性限定在认知的领域，或者说以人性中的人的认知能力批评孟子的人性善。这里，荀子是从人性的先天性、人性的内容的角度批评孟子的性善论的。

其三，"孟子曰：'人之性善。'曰：是不然。凡古今天下之所谓善者，正理平治也；所谓恶者，偏险悖乱也。是善恶之分也已。今诚以人之性固正理平治邪？则有恶用圣王，恶用礼义矣哉！虽有圣王礼义，将曷加于正理平治也哉！"针对孟子提出人性善，荀子对"善"以及与其相对应的"恶"作了定义，然后据此判定人性之善恶，否定孟子的性善论。荀子认为能够合乎礼义法度，使国家"正理平治"者为"善"，而违背礼义法度，使得国家走向"偏险悖乱"者为"恶"。由此考察人性，荀子发现顺从人性而为，并不能达到合乎礼义、"正理平治"的效果，反而违背礼义法度，使国家走向混乱不治的局面，所以人性是恶的。而人性恶的一个重要标志就是，需要圣王制礼作乐，用"礼"来规范人们的行为举止。如果像孟子所言，人性善，还需要圣王、礼义吗？这里，荀子是从人性的政治后果的角度批评孟子的性善论的。

其四，"善言古者必有节于今，善言天者必有征于人。凡论者，贵其有辨合，有符验。故坐而言之，起而可设，张而可施行。今孟子曰：'人之性善。'无辨合符验，坐而言之，起而不可设，张而不可施行，岂不过甚矣哉！"针对孟子的性善论，荀子从"证据"入手加以批评。荀子认为，任何观点都必须要有"证据"作根据、理由，并且可以在实践中获得成功，而孟子的性善论没有"证据"可以证明，同时不可能在实践中获得成功，所以是极端错误的。这里，荀子是从人性善恶的"证据"的角度批评孟子的性善论的。

七、人之为善的原因：后天人为

孟子宣扬性善论，需要从性善论的维度解释有的人的行为之"恶"。同样的，荀子宣扬性恶论，需要从性恶论的维度解释有的人的行为之"善"。对于此，荀子在提出性恶论之时、论证人性恶之前，就给出了答案。这就是《性恶》篇开头所云："人之性恶，其善者，伪也。"这是说，人性是恶的，由人性出发只会走向"恶"，无法达到"善"；人之外在行为的"善"与人性无关，出自人之"伪"，也即后天的人为。

为什么人之外在行为的"善"出自人之"伪"，而不是像孟子所说的那样出自人性？这是荀子所要证明的。从

《性恶》篇中荀子论证人性恶时总是说"用此观之，然则人之性恶明矣，其善者伪也"，可以看出，荀子对于人性恶的论证与其对于人之外在行为之"善"的后天性的论证是同时进行的；或者说，在论证人性恶的同时就论证了人之外在行为之"善"的后天性，也可以说恰是通过论证人性恶来论证人之外在行为之"善"的后天性。按照荀子的思路，正因为人性恶，人性中没有"善"，所以，人之外在行为之"善"才是后天的、人为的。那么，人之后天的人为之"善"是如何实现的？我们来看荀子在《性恶》篇中的相关论述。

其一，"必将有师法之化，礼义之道，然后出于辞让，合于文理，而归于治……今之人，化师法，积文学，道礼义者为君子；纵性情，安恣睢，而违礼义者为小人。"这是说，礼义秩序的遵守、谦让之德的出现以及由此导致的国家的治理、社会的安定来源于"师法之化，礼义之道"，也即来源于"师法"之教化、礼义之引导，这说明人之"善"是后天人为的结果，人之"善"是通过教化与引导的方式实现的。因此，如果接受"师法"之教化、积累礼乐文化知识，自觉遵守礼义，就能够向善，能够成为君子；如果任性而为，纵情纵欲，肆意妄为，违背礼义，就自然向恶，从而成为天生的小人。

其二，"今人饥，见长而不敢先食者，将有所让也；劳而不敢求息者，将有所代也。夫子之让乎父，弟之让乎兄；子之代乎父，弟之代乎兄，此二行者，皆反于性而悖于情也。然而孝子之道，礼义之文理也。"这是说，"子之让乎父，弟之让乎兄；子之代乎父，弟之代乎兄"这种合乎孝悌之德的行为，并不是顺从人之性情发展的结果，而是遵守礼义制度、道德规范以反抗人性的结果。这说明，人之"善"、人之合乎孝悌的行为是后天的、人为的，是遵守外在的礼义制度而实现的。

其三，"今人之性，固无礼义，故强学而求有之也；性不知礼义，故思虑而求知之也。然则生而已，则人无礼义，不知礼义。人无礼义则乱，不知礼义则悖。然则生而已，则悖乱在己。"这是说，人性的内容不是礼义，由人性出发不但不会生出礼义，反而会违背礼义，造成社会的混乱，所以礼义是后天的，是通过"学""思虑"才能获得的。人只有拥有了礼义，自觉用礼义规范自己的外在行为，才会归向"善"。

其四，"今人之性恶，必将待圣王之治，礼义之化，然后皆出于治，合于善也。"这是说，人性恶，人之"善"需要通过圣王的治理、礼义的教化来实现。

据此可知，荀子认为人性恶，人之"善"是后天的，出自"伪"，乃遵守礼义制度的结果。人之"伪"包括主动地"学""思虑"以及主动地接受圣王之治理、"师法"之教化。

综上所述，荀子认为人性是人先天具有的或者说生而就有的资质，是人之"本""始""材""朴"，在此意义上，荀子的人性论可以说是性朴论；荀子认为人性的内容包括人之情欲与人之认知能力，涵括"性"字的"心""生"两面，但是为了论证人性恶的需要，荀子更重视人性中的情欲、人性中的"生"，使得其人性论给人以情欲论的印象；荀子客观上意识到人性的形上根据是"气"，只是出于自身的原因没有加以重视，在此意义上，荀子的人性论可以说是性气论；荀子从人性的内容——情欲的视角论述人性，认为人性的展开、实践对他人和社会有害无益，人性在道德层面是恶的；由于荀子论证人性恶，意在论证"礼"的出现的合理性、必然性以及"礼"的存在的绝对价值，所以其论证人性恶与论证"礼"的产生、存在、价值是交织在一起的。从人性恶之维看人之"善"，荀子认为人之"善"是后天的、人为的，是人之学、思与教化等的产物。

与其说"性"的本义是"生",不如说"性"本来是
"生"后起的一种写法。正因为如此,"性"本即"出生"
之意,后来才有"生命""本性"等意。这么说,由"生"
而有"性",本性意义上的"性"是由"生"衍生出来的,
是指人和自然万物"出生"就有的东西。这意味着,人性
本质上就是人生而就有的东西,不是人后天获得的东西。
基于此,先秦儒家讨论人性的本质,都把人性看作人之先
天固有的东西。

古人论性,在哲学层面则多指人性也即人之本性。人
是用"心"思考的动物,也许正因为此,古人制造"性"
字,从心从生,也即在"生"字的旁边加了一个"心"
字。这样,性之"生"的部分,代表人与自然万物共同的

本性，而性之"心"的部分，则代表人与自然万物相区别或者说人高于自然万物的特性。完整的人性包括"心""生"两面。基于此，先秦儒家讨论人性的内容，都没有离开人性中的"心"或"生"。

虽然在儒家产生之前就有人论及人性，虽然孔子就直接或间接论及人性的本质、内容、根据、价值指向等，但是这很大程度上是从孟子、荀子等的人性学说的视角反推或者说解读儒家产生之前的人性言论以及孔子人性学说的结果，带有"推断""猜想"乃至"虚构"的成分。就先秦儒家人性学说的逻辑发展来看，孔子率先明确提出人性的本质问题，并率先以"性""习"相对的思维方式论述人性的先天性；孔子弟子虑子贱、漆雕开以及二传弟子世硕、公孙尼子等率先明确从道德维度提出人性的价值指向问题，判定人性之善恶，同时，率先在讨论人性时论及"情"；孔子二传、三传弟子率先明确提出人性的内容问题，认为人性的内容由"情""欲""智""礼""德"等所构成，同时，孔子二传、三传弟子还率先明确提出人性的根据问题，并率先从人之"外"、人之"上"寻找人性的根据，此外，孔子二传、三传弟子还率先在讨论人性时论及"心"；孟子率先系统论证人性善，并率先从人之"内"寻找人性的根据，从而将"心"列为人性的根源；荀子率先系统论证人性恶，并将"性"与"礼"相联系。在先秦儒家中，孟子和荀子的人性学说最为完备。

就先秦儒家人性学说中人性的本质、内容、形上根据、价值指向来看，在人性的本质的层面，都认为人性是人与生俱来的基质，不是后天人为的东西，在此意义上，先秦儒家人物都主张人性"朴"，都是性朴论者；在人性的内容的层面，先秦儒家人物虽然各有各的说法，有的人认为人性的内容是情欲，有的人认为人性的内容是道德，有的人认为人性的内容是情欲与道德，有的人认为人性的内容是情欲与认知能力，但是都是围绕"性"字的结构而论述之，要么论及"性"中的"生"，要么论及"性"中的"心"，要么论及"性"中的"心"和"生"两个方面；在人性的形上根据的层面，先秦儒家人物同样也是各有各的说法，有的人认为人性的形上根据是至上主宰"天"，有的人认为人性的形上根据是内在于人的"心"，有的人认为人性的形上根据是宇宙万物的本原"气"，但是都试图为人性寻找最后的根据，要么从人之"内"寻找，要么从人之"外"、人之"上"寻找；在人性的价值指向的层面，先秦儒家人物当然也是各有各的说法，有的人认为人性善，有的人认为人性恶，有的人认为人性有善有不善，有的人认为人性可善可不善，有的人认为人性无善无不善，但是都把人性问题看作道德问题，都从道德维度对其作价值判断。

汉代以来的儒家人性学说，从总体上看，是对先秦儒家人性学说的承接与发展。这不仅可以从汉代董仲舒、扬雄、王充，唐代韩愈、李翱，宋代张载、二程、朱熹，明清王阳明、王夫之、戴震等人在建构其人性学说时对于先秦儒家人性学说的援引、利用，以及其人性学说的体系、构成中清楚地看出来，而且也可以从其对于先秦儒家人物尤其是孔子、孟子、荀子等的人性学说的直接或间接、肯定或否定的评价中清楚地看出来。

董仲舒论性曰："性之名非生与？如其生之自然之资谓之性。"（《春秋繁露·深察名号》）从"生"的维度解读"性"，以"生之自然之资"定义"性"，这是对告子"生之谓性"（《孟子·告子上》），以及荀子"生之所以然者谓之性"（《荀子·正名》）的直接继承。董仲舒将人性分为"圣人之性""中民之性"和"斗筲之性"，是对于孔子三传、四传弟子的"有性善，有性不善"（《孟子·告子上》）与"性可以为善，可以为不善"（《孟子·告子上》）等论断的整合，更是对于孟子和荀子人性学说的综合，同孔子二传、三传弟子的"圣人之性与中人之性"（《郭店楚墓竹简·成之闻之》）的划分有相似之处。董仲舒所关注的人性主要是"中民之性"①，其论"中民之性"曰："身之名，取诸天。天两有阴阳之施，身亦两有贪仁之性。"（《春秋繁露·深察名号》）认为人性的内容有"贪""仁"两面，而"情亦性也"（《春秋繁露·深察名号》），"性"中又有"情"。从"性"字的结构来看，"贪""情"或者说情、欲属于"性"中的"生"，"仁"属于"性"中的"心"，这是对先秦儒家人性内容的

---

① 陆建华：《"中民之性"：论董仲舒的人性学说》，《哲学研究》2010年第10期，第47—50页。

继承；其所谓的人性的形上根据在于"天"，或者说，"天"是人性的根源，这是对孔子"天生德于予"（《论语·述而》）的观点的发挥，对《中庸》"天命之谓性"的观点的继承，与孔子二传、三传弟子"性自命出，命自天降"（《性自命出》）的观点相似。

扬雄曰"人之性也，善恶混。修其善则为善人，修其恶则为恶人"（《法言·修身》），此与世硕所谓"人性有善有恶，举人之善性，养而致之则善长；恶性，养而致之则恶长。如此，则情性各有阴阳，善恶在所养焉"（《论衡·本性》），以及孔子三传、四传弟子所谓"性可以为善，可以为不善，是故文、武兴则民好善，幽、厉兴则民好暴"（《孟子·告子上》），本质上是一致的。至于扬雄"气也者，所以适善恶之马也与"（《法言·修身》）的疑问，似有以"气"为人性以及人性善恶之根据的想法。这种想法，得益于孟子、荀子以气为本的观点。王充曰"论人之性，定有善有恶"（《论衡·率性》），认为人性有善恶之分，有的人性善，有的人性恶，而且"人性有善有恶，犹人才有高有下也。高不可下，下不可高"（《论衡·本性》），人性的善与恶是不可以改变的，这源自先秦儒家"有性善，有性不善"（《孟子·告子上》），且人性的善与不善不可变的观点，也是对孟子性善论、荀子性恶论的"拼合"。至于人性有善恶，且不可改变的原因，王充解释道："禀气有厚泊，故性有善恶也。"（《论衡·率性》）就是说，人禀气而生，"气"是人和人性的形上根据，禀气"厚"者人性善，禀气"泊"者人性恶。这同样得益于孟子、荀子以气为本的观点。

韩愈著有《原性》篇，开篇即曰"性也者，与生俱生也"，认为人性是人生来就有的基质，这是先秦儒家一贯的观点。不过，韩愈认为"性之品有三"，不同的人有不同的人性，其中，上品之性，其人性内容是仁义礼智信诸德，所以是善的；中品之性，其人性中虽有仁义礼智信诸德，但是有所欠缺，所以可善可恶；下品之性，其人性中没有仁义礼智信诸德，所以是恶的。这种观点虽然直接源自董仲舒关于人性的"圣人之性""中民之性"和"斗筲之性"的分别，但是，一方面，董仲舒的上述观点源自先秦儒家人性学说，另一方面，这种观点更是对孟子性善论和荀子性恶论的综合与改造。此外，韩愈以仁义礼智信诸德论人性，是对孟子以仁义礼智"四德"论人性的借鉴。李翱著有《复性书》。李翱曰"百姓之性与圣人之性弗差也"（《复性书·上》），认为人性是相同的，并且"人之性皆善"（《复性书·中》）。这与孔子"性相近也"的观点，以及孟子性善论的主张是一致的。至于李翱说"性者，天之命也"（《复性书·上》），认为人性源出天之所命，这是对孟子尽心、知性、知天的观点，以及《中庸》"天命之谓性"的观点的继承，也与孔子二传、三传弟子"性自命出，命自天降"（《性自命出》）的观点相似。

张载曰："形而后有气质之性，善反之，则天地之性存焉。故气质之性，君子有弗性者焉"（《正蒙·诚明》），将孟子所谓的人性解为"天地之性"，将荀子所谓的人性解为"气质之性"，认为人性分为"天地之性"和"气质之性"，"天地之性"由仁义礼智等所构成，而"气质之性"则由食色、欲望等所构成。这样，从"性"字的结构来看，张载的"天地之性"的内容属于"性"中的"心"，其"气质之性"的内容属于"性"中的"生"。此外，张载在"天地之性"和"气质之性"之间重视"天地之性"，认为"天地之性"更为根本，甚至为此而否定"气质之性"，这与孟子肯定以仁义礼智为内容的人性，否定以欲望为内容的人性，或者说，肯定仁义礼智之性，否定欲望之性，在思路上是相合的。尤其是孟子否定以欲望为内容的人性、否定欲望之性时抬出"君子"曰"君子不谓性也"（《孟子·尽心下》），张载在否定"气质之性"时效仿孟子，同样抬出"君子"曰："气质之性，君子有弗性者焉"（《正蒙·诚明》）。关于人性的根源，张载曰"合虚与气，有性之名"（《正蒙·太和》），认为人性来源于"气"，其中，"天地之性"来源于"太虚"，也即本然之气，而"气质之性"来源于"太虚"之显现——"气化"之"气"，这得益于孟子、荀子以气为本的观点。

张载的人性学说影响了二程和朱熹，张载对先秦儒家人性学说的袭用，也影响了二程和朱熹。可以说，二程和朱熹的人性学说就是对先秦儒家人性学说特别是孟子和荀子人性学说与张载人性学说的某种意义上的整合。二程效仿张载关于"天地之性"和"气质之性"的划分，将人性分为"天命之谓性"与"生之谓性",也即分为天命之性与气禀之性,认为天命之性的内容是仁义礼智信,因而是善的,气禀之性却有善有恶,有的人的气禀之性"善",有的人的气禀之性"恶"。关于人性的根源,二程从其理本论出发,认为"性即理也,所谓理,性是也"(《河南程氏遗书》卷二十二),天命之性源于"理";"性即气,气即性"(《河南程氏遗书》卷一),气禀之性源于"气"。因此,天命之性更为根本。朱熹继承张载关于"天地之性"和"气质之性"的划分,以及张载关于人性内容的理解,认为前者由仁义礼智所构成,后者主要由"饮食男女"等所构成;在人性的根据方面,则继承二程的观点,又糅合张载的观点曰"论天地之性,则专指理言;论气质之性,则以理与气杂而言之"(《朱子语类》卷四),以为"天地之性"出于"理","气质之性"出于"理"和"气"二者。同时,张载又在人性的根据方面继承二程的理本论,论证"天地之性"更为根本。由于二程和朱熹的"理"乃是"天""天理",其人性根源于"理"的思路应与先秦儒家关于人性根源于"天"的思路有着内在关联。

王阳明发展陆九渊的心本论,纳"理"入"心",同时又纳"气"入"理",其人性学说远接孟子,近取张载、程朱。其所谓"'生之谓性','生'字即是'气'字,犹言'气即是性'也"(《传习录》中),承认人性奠基于道德性、精神性之"气",乃人之生而就有的东西,是对张载、程朱"气"的改造以及张载、程朱"气质之性"、气禀之性的继承；其所谓"性一而已，仁义礼智，性之性也；聪明睿知，性之质也；喜怒哀乐，性之情也；私欲、客气，性之蔽也"（《传习录》中），以道德、认知能力和情感为人性之内容，一方面融合孟、荀，承接张载、程朱，一方面归宗孟子，在天理与人欲之间，将人欲从人性中剔出；其所谓"心即性，性即理"（《传习录》上），认为人性的根据是心，则是对孟子人性本于心的利用；其所谓"至善者，性也"（《传习录》上），是对孟子性善说的肯定。

王夫之和戴震都有批判、总结宋明儒家人性学说，纠正其重道德轻情欲、重天理轻人欲之偏的愿望。王夫之曰："盖性者，生之理也。均是人也，则此与生俱有之理，未尝或异；故仁义礼智之理，下愚所不能灭，而声色臭味之欲，上智所不能废，俱可谓之为性"（《张子正蒙注》卷三），认为人性是生来就有的"理"，从内容上看包括天理与人欲。这与孟子将人性内容客观上理解为仁义礼智"四德"与欲望是一致的，只不过孟子否定了人性中的欲望。当然，这也是对荀子以情欲为人性内容的肯定。这样，从"性"字的结构来看，王夫之所谓的人性中的天理属于"性"中的"心"，其所谓的人性中的人欲属于"性"中的"生"，这与先秦儒家的思维方式是一致的。关于人性之源，王夫之从气本论的高度说："天以其阴阳五行之气生人，理即寓焉而凝之为性。故有声色臭味以厚其生，有仁义礼智以正其德，莫非理之所宜"（《张子正蒙注》

卷三），认为人性根源于本原之气，这源出孟子、荀子以气为本的观点。王夫之还说"夫性者，生理也，日生则日成也"（《尚书引义》卷三），强调人性的可变性、发展性，既与孔子三传、四传弟子中"性可以为善，可以为不善"（《孟子·告子上》）者的观点相似，也与世硕"养性"的观点相似。

戴震曰"人生而后有欲、有情、有知，三者，血气心知之自然也"（《孟子字义疏证》卷下），认为人性是人生而就有的"自然"的东西，总体上讲包括"情""欲""知"三者。这样，从"性"字的结构来看，戴震所谓人性中的"知"属于"性"中的"心"，戴震所谓人性中的"情""欲"属于"性"中的"生"，这与先秦儒家特别是荀子的思路是一致的。关于人性的根据，戴震曰"喜怒哀乐之情，声色臭味之欲，是非美恶之知，皆根于性而原于天"（《绪言》卷上），认为人性"原于天"，这明显受孔子影响；戴震又曰"性者，血气心知本乎阴阳五行，人物莫不区以别焉是也"（《孟子字义疏证》卷中），认为人性"本乎阴阳五行"，源出于本原之气，这又受益于孟子、荀子以气为本的观点。不过，戴震毕竟服膺孟子人性学说，认为人之"心知"乃先天的道德认知能力，自然会"知"仁义礼智，在此意义上，仁义礼智未尝不是人性之内容。因而，在人性的价值指向方面，戴震还是持守性善论："无人性即所谓人见其禽兽也，有人性即相近也，善也。"（《孟子字义疏证》卷中）

由上可知，在儒家人性学说的发展史上，先秦儒家的人性学说对于汉代以来的儒家人性学说的影响是方向性的、决定性的。可以说，先秦儒家的人性学说规定了汉代以来的儒家人性学说的大致框架与发展方向，汉代以来的儒家人性学说虽然内容丰富，变化多端，但是无论是在人性的本质、内容方面，还是在人性的根据、价值指向方面，都是在先秦儒家人性学说的基础上所作的进一步发展与完善，都没有超越先秦儒家所规限的界域，更没有突破先秦儒家人性学说的底线。由于在先秦儒家人物中孟子和荀子的人性学说最为丰富、最具特色，因而对后世的影响也最大，汉代以来的儒家人物都有统合孟子和荀子人性学说之愿望。在此意义上，汉代以来的儒家人性学说的发展史，也可以说是诠释、整合孟子和荀子人性学说的历史。由于孟子自唐代以来在儒家中的地位明显高于荀子，又由于孟子在儒家中地位的提高在很大程度上得益于其性善论，使得唐代以来的儒家人物在统合孟子和荀子人性学说以建构其自己的人性学说时，常常立足于孟子人性学说，或者说，以孟子人性学说为本。

附 录

性善与性恶：孟子的两种人性论

一

孟子论人性，最为关键的文字是："口之于味也，目之于色也，耳之于声也，鼻之于臭也，四肢之于安佚也，性也，有命焉，君子不谓性也。仁之于父子也，义之于君臣也，礼之于宾主也，知之于贤者也，圣人之于天道也，命也，有性焉，君子不谓命也。"（《孟子·尽心下》）

从"口之于味也，目之于色也，耳之于声也，鼻之于臭也，四肢之于安佚也，性也"，以及"仁之于父子也，义之于君臣也，礼之于宾主也，知之于贤者也，圣人之于天道也，命也"来看，人性的内容是人的感性认知能力以及耳目鼻口和四肢之欲。简言之，就是人的感性认知能力和感官欲望。人性的内容并不包括仁义礼智圣，或者说，人性的内容与道德无关，因为仁义礼智圣属于"命"的境域。戴震曰"孟子之所谓性，即口之于味、目之于色、耳之于声、鼻之于臭、四肢于安佚之为性"（《孟子字义疏证》卷中），即是此意。人性的内容是感性认知能力和感官欲望而不是仁义礼智圣，这应该是一般人对于人性内容的理解，所以孟子才这么说。

可是，从"口之于味也，目之于色也，耳之于声也，鼻之于臭也，四肢之于安佚也，性也，有命焉，君子不谓性也。仁之于父子也，义之于君臣也，礼之于宾主也，知之于贤者也，圣人之于天道也，命也，有性焉，君子不谓命也"来看，人性的内容就不是人的感性认知能力和感官欲望，而是仁义礼智圣。戴震曰"就孟子之书观之，明理义之为性，举仁义礼智以言性者，以为亦出于性之自然，人皆弗学而能"（《孟子字义疏证》卷中），即是此意。孟子之所以认为人的感性认知能力和感官欲望不属于人性，而仁义礼智圣才属于人性，是因为在孟子看来，前者属于"性也，有命焉，君子不谓性也"，后者属于"命也，有性焉，君子不谓命也"。由此可以看出，在人性的内容的确定方面，"君子"扮演了关键性的角色；孟子认为人性的内容是仁义礼智圣，也受了子思的影响，将子思之"五行"直接纳入人性境域。

由上可知，在人性的内容的维度，孟子所言及的人性事实上包括普通人所理解的人性和君子所理解的人性，或者说，包括普通人的人性和君子的人性。只不过孟子肯定君子的人性，将之认定为普遍的、所有人的人性，并据此否定一般人的人性，将之剔出人性之域，不作讨论。这么看，孟子所肯定、宣扬的人性论其实是君子的人性论。

二

基于人性乃君子之人性，人性的内容是仁义礼智圣，孟子定义人性的本质曰"人之所不学而能者，其良能也；所不虑而知者，其良知也"（《孟子·尽心上》），认为人性本质上属于人先天具有的、内在于人的、自然的、对于他人和社会有利无害的东西。

从人性是"人之所不学而能者""所不虑而知者"来看，孟子对于人性的本质的理解，与告子所谓"生之谓性"（《孟子·告子上》）是相同的，也符合"性"字的本义。但是从人性是人之"良知""良能"来看，孟子对于人性的本质的理解，又与告子的观点是根本不同的，因为告子所谓的人性并不"良"。

从"人之所不学而能者，其良能也；所不虑而知者，其良知也"来看，孟子不仅把人性看作"人之所不学而能者""所不虑而知者"，还把人性看作"良知""良能"。也就是说，在孟子看来，人性必须符合"人之所不学而能者""所不虑而知者"，以及"良知""良能"这两个条件。这样，由于人的感性认知能力和感官欲望虽然属于"人之所不学而能者""所不虑而知者"，但是其对于他人和社会不存在必然的"良"；再说，人的感官欲望的满足如果不被制约，还会对他人、对社会造成伤害，因而不属于"良知""良能"，也就被直接剔出人性的境域了。而人所具有的仁义礼智圣，在孟子看来不仅属于"人之所不学而能者""所不虑而知者"，其对于他人和社会还是好的、有利的、"良"的；人的仁义礼智圣的实践作为道德实践，对他人、对社会不但不会造成伤害，反而有利无害，因而还属于"良知""良能"，也就进入了人性的境域。

这表明，在人性是"人之所不学而能者""所不虑而知者"的维度上，人的感性认知能力和感官欲望是"性也"，但是在人性是人的"良知""良能"的维度上，人的感性认知能力和感官欲望，又不属于"性"，所以"君子不谓性也"，不将其看作人性。即便在人性是"人之所不学而能者""所不虑而知者"的维度上，仁义礼智圣是"命也"，不属于"性"，但是在人性是人的"良知""良能"的维度上，仁义礼智圣又属于"性"，所以"君子不谓命也"，将其看作人性。

孟子把仁义礼智圣看作"人之所不学而能者""所不虑而知者"，孟子不是十分自信，因为其作为人性的内容，毕竟是"命也，有性焉，君子不谓命也"的结果，出于君子之人为。这意味着，要将仁义礼智圣纳入人性境域必须要给出有说服力的证明。与此相应，由于孟子将人的感性认知能力和感官欲望剔出人性境域，所以其不可能证明人的感性认知能力和感官欲望是"良知""良能。"

证明仁义礼智圣属于"人之所不学而能者""所不虑而知者",孟子主要是从心灵的维度加以证明的。不过,孟子从心灵的维度论证仁义礼智圣之于人的先天性、内在性之时,却只论证了仁义礼智之于人的先天性、内在性,而故意放弃了对于"圣"之于人的先天性、内在性的论证,从而最终将人性的内容从子思的"五行"缩小到仁义礼智"四德"。究其因在于,只有圣人才能达到"圣"、具备"圣",即便君子也是达不到、不具备的,而孟子所谓人性指的是君子的人性。

关于仁义礼智之于人的先天性、内在性,孟子从"心"的构成入手,对此作了论证:"恻隐之心,人皆有之;羞恶之心,人皆有之;恭敬之心,人皆有之;是非之心,人皆有之。恻隐之心,仁也;羞恶之心,义也;恭敬之心,礼也;是非之心,智也。仁义礼智,非由外铄我也,我固有之也。"(《孟子·告子上》)这是说,"心"由"恻隐之心""羞恶之心""恭敬之心""是非之心"等"四心"所构成,而这"四心"又分别由仁义礼智所构成。既然"心"是道德性存在,由仁义礼智所构成,仁义礼智是"心"的构成者,而"心"是人与生俱来的,因此,仁义礼智之于人就是先天的、内在的,就属于"人之所不学而能者""所不虑而知者"。基于此,孟子曰"君子所性,仁义礼智根于心"（《孟子·尽心上》），认为仁义礼智不仅构成"心"，而且还根植于"心"、存在于"心"。

需要注意的是，孟子以"四德"解"四心"，又以"四心"解"四德"的论证，属于循环论证。在此意义上，其关于仁义礼智之于人的先天性、内在性的证明是错误的。可是，孟子对此并不在意，其所谓"仁，人心也"（《孟子·告子上》），"无恻隐之心，非人也；无羞恶之心，非人也；无辞让之心，非人也；无是非之心，非人也。恻隐之心，仁之端也；羞恶之心，义之端也；辞让之心，礼之端也；是非之心，智之端也。人之有是四端也，犹其有四体也"（《孟子·公孙丑上》），对于仁义礼智之于人的先天性、内在性的证明路径与上述证明路径是一样的。

四

由于人性在本质上就是人之"良知""良能"，而"良知""良能"之所以被称作"良知""良能"，就是因为其对于他人和社会有利，所以人性的价值从本质维度看就是指向"善"的。孟子曰"乃若其情，则可以为善矣，乃所谓善也"（《孟子·告子上》），就是指出人性按其本质、实情来说，本来就是向善的。由于人性的内容是仁义礼智，这意味着顺人性而为，就是"由仁义行"（《孟子·离娄下》），也即从内在于人的仁义礼智出发，其结果必然也是对他人、对社会有利。在此意义上，人性在价值维度也是指向"善"的。正是因为以上，孟子认为人性善。基于人性善，孟子曰："人性之善也，犹水之就下也。人无有不善，水无有不下。"（《孟子·告子上》）

人性善，而有的人的外在行为却是"恶"的，孟子认为有内外两方面的原因。关于外因，孟子曰："今夫水，搏而跃之，可使过颡；激而行之，可使在山。是岂水之性哉？其势则然也。人之可使为不善，其性亦犹是也。"（《孟子·告子上》）这是运用类比的手法，说明人之行为之"恶"并非缘于人性，乃是违背人性的结果，究其因，是由外在的各种因素造成的。关于内因，孟子曰：乃是"不能尽其才者也"（《孟子·告子上》），"自贼者也"（《孟子·公孙丑上》）。这是说，乃是不发挥人性之善，自己伤害自己的本性，自暴自弃的缘故。从根本上来说，就是"放其心而不知求"（《孟子·告子上》）所致。

关于人之行为之"恶"，孟子从外因角度的解释是合理的；其从内因角度的解释，则是比较牵强的。因为"才"是佳的，"心""性"是"善"的，充满仁义礼智，在只能从"才"和"心""性"出发的前提下，人是不可能"不能尽其才""自贼""放其心而不知求"的。

那么，是什么东西让人伤害自己的本性、自暴自弃呢？一定是"才"和"心""性"以外的东西，而且这东西一定是"坏"的东西，并且这"坏"的东西一定是强大到足以与仁义礼智相抗衡的、先天的、内在性的东西。很明显，这"坏"的东西只能是人的感官欲望。在欲望的驱使下，人才可能违背仁义礼智，做出对他人和社会都有害的选择，在实践中伤害他人和社会，从而走向"恶"。

承认感官欲望能够违逆以仁义礼智为内容的人性，就意味着感官欲望不仅是先天的、内在于人的存在，不仅属于"人之所不学而能者""所不虑而知者"，而且还应是人最根本的东西——人性，否则感官欲望是无法与仁义礼智相抗衡，并有机会战胜之的。而承认感官欲望是人性，孟子所建立的性善论的大厦将从根底上崩毁。正是基于此，孟子才不愿意直面并具体解释人违背仁义礼智的内在根据。

由以上可知，孟子的人性论客观上包括君子的人性论和普通人的人性论。君子的人性论以仁义礼智为内容，顺性而为就是由仁义礼智而为，其结果是走向善，所以君子的人性"善"；普通人的人性以感性认知能力和感官欲望为内容，顺性而为就是被欲望所驱动，其结果是走向"恶"，所以普通人的人性"恶"。在此意义上，孟子的人性论相当于其所批判的"有性善，有性不善"（《孟子·告子上》）。由于孟子否定普通人的人性，把君子的人性说成是所有人的人性，所以其认为人性善。

（原载《华夏文化》2022年第1期，有改动）

孟子之气论

——兼及心、性、气三者的关系

孟子论气之处不多，集中于《孟子》之《公孙丑上》和《告子上》，而且孟子也未单独论气，更未刻意论气，其气的学说源于论述"心"的需要，具体而言，源于论述"不动心"与"仁义之心"的需要，因而并不十分系统。孟子的注意力主要集中于心、性二者，或者说，集中于奠基于心灵之上的性善论。但是后儒重视孟子之"气"，对孟子气的学说评价甚高。朱熹引二程语："孟子性善、养气之论，皆前圣所未发"（《孟子集注·孟子序说》），即是如此。不过，后儒将孟子之气论，局限于"养气"，是其狭隘之处。还有，后儒未有将孟子之气论与其心、性思想相联系，仅仅将其气论看作孤立的思想，似未明晰孟子气论之深意。

当今学者尤其是名儒大家，对孟子气论特别是养气、"浩然之气"多有十分深刻的研究，但是对孟子论气的本意或曰缘由似未加注意，同时对孟子思想中气与心、性的关系仍未予以足够的重视。这表明，对孟子气论的研究尚有进一步探讨的空间和必要。

一

孟子论气，一处是论"守气""浩然之气"，由表述"不动心"而引发。朱熹说："此章孟子之意，不是说气禀，只因说不动心，滚说到这处""只看他一章本意，是说个不动心"（《朱子语类》卷第五十二），早已洞悉孟子之意图。此处文字影响较大，最为历代儒者所重视。程颐云："孟子有功于圣门不可言。……仲尼只说一个志，孟子便说许多养气出来，只此二字，其功甚多。"[1]朱熹曾言其对此处文字的解读恰合孟子之本意，为此，他援引孔子"天厌之！天厌之！"之誓言[2]曰："若与孟子不合者，天厌之！天厌之！……某解此段，若有一字不是孟子意，天厌之。"（《朱子语类》卷第五十二）可见后儒对此处文字之重视程度。《孟子·公孙丑上》载之曰：

> 公孙丑问曰："夫子加齐之卿相，得行道焉，虽由此霸王，不异矣。如此，则动心否乎？"孟子曰："否！我

---

[1] 程颢、程颐：《河南程氏遗书》卷第十八，载程颢、程颐：《二程集》，中华书局2004年出版，第221页。

[2] 《论语·雍也》载："子见南子，子路不说。夫子矢之曰：'予所否者，天厌之！天厌之！'"

四十不动心。”曰：“若是，则夫子过孟贲远矣。”曰：“是不难，告子先我不动心。”曰：“不动心有道乎？”曰：“有。北宫黝之养勇也，不肤挠，不目逃，思以一豪挫于人，若挞之于市朝；不受于褐宽博，亦不受于万乘之君，视刺万乘之君，若刺褐夫；无严诸侯，恶声至，必反之。孟施舍之所养勇也，曰：‘视不胜犹胜也。量敌而后进，虑胜而后会，是畏三军者也，舍岂能为必胜哉？能无惧而已矣。’孟施舍似曾子，北宫黝似子夏。夫二子之勇，未知其孰贤，然而孟施舍守约也。昔者曾子谓子襄曰：‘子好勇乎？吾尝闻大勇于夫子矣：自反而不缩，虽褐宽博，吾不惴焉；自反而缩，虽千万人，吾往矣。’孟施舍之守气，又不如曾子之守约也。”

曰：“敢问夫子之不动心与告子之不动心，可得闻与？”“告子曰：‘不得于言，勿求于心；不得于心，勿求于气。’不得于心，勿求于气，可；不得于言，勿求于心，不可。夫志，气之帅也；气，体之充也。夫志至焉，气次焉，故曰持其志，无暴其气。”“既曰‘志至焉，气次焉’，又曰‘持其志，无暴其气’者，何也？”曰：“志壹则动气，气壹则动志也。今夫蹶者、趋者，是气也而反动其心。”

“敢问夫子恶乎长？”曰：“我知言，我善养吾浩然之气。”“敢问何谓浩然之气？”曰：“难言也。其为气也，至大至刚，以直养而无害，则塞于天地之间。其为气也，配义与道，无是，馁也。是集义所生者，非义袭而取之也，行有不慊于心，则馁矣。我故曰告子未尝知义，以其外之也。必有事焉而勿正，心勿忘，勿助长也，无若宋人然。宋人有闵其苗之不长而揠之者，芒芒然归，谓其人曰：'今日病矣，予助苗长矣。'其子趋而往视之，苗则槁矣。天下之不助苗长者寡矣，以为无益而舍之者，不耘苗者也；助之长者，揠苗者也。非徒无益，而又害之。"

孟子论气，另一处是论"平旦之气""夜气"，由表述"仁义之心"而引发。朱熹说："孟子此段首尾，止为良心设耳……这一段，其所主却在心……今人只说夜气，不知道这是因说良心来"（《朱子语类》卷第五十二），阐明孟子用意，又批评后人之误读。此处文字相比于上一处文字，影响相对较小，后世儒者对其重视程度也相对较弱一点。《孟子·告子上》载之曰：

孟子曰："牛山之木尝美矣，以其郊于大国也，斧斤伐之，可以为美乎？是其日夜之所息，雨露之所润，非无萌蘖之生焉，牛羊又从而牧之，是以若彼濯濯也。人见其濯濯也，以为未尝有材焉，此岂山之性也哉？虽存乎人者，岂无仁义之心哉？其所以放其良心者，亦犹斧斤之于木也，旦旦而伐之，可以为美乎？其日夜之所息，平旦之气，其好恶与人相近也者几希，则其旦昼之所为，有梏亡之矣。梏之反覆，则其夜气不足以存；夜气不足

以存，则其违禽兽不远矣。人见其禽兽也，而以为未尝有才焉者，是岂人之情也哉？故苟得其养，无物不长；苟失其养，无物不消。孔子曰：'操则存，舍则亡，出入无时，莫知其乡。'惟心之谓与？"

以此两处论气的文字为基本依据，联系孟子关于心、性的论述，我们庶几可以弄明孟子之气论以及孟子气论与其心性学说的关系。

我们先看孟子论述修炼"不动心"的方法在于"养勇""守气"的这一段文字：

公孙丑问曰："夫子加齐之卿相，得行道焉，虽由此霸王，不异矣。如此，则动心否乎？"孟子曰："否！我四十不动心。"曰："若是，则夫子过孟贲远矣。"曰："是不难，告子先我不动心。"曰："不动心有道乎？"曰："有。北宫黝之养勇也，不肤挠，不目逃，思以一豪挫于人，若挞之于市朝；不受于褐宽博，亦不受于万乘之君，视刺万乘之君，若刺褐夫；无严诸侯，恶声至，必反之。孟施舍之所养勇也，曰：'视不胜犹胜也。量敌而后进，虑胜而后会，是畏三军者也，舍岂能为必胜哉？能无惧而已矣。'孟施舍似曾子，北宫黝似子夏。夫二子之勇，

一
七
六

未知其孰贤，然而孟施舍守约也。昔者曾子谓子襄曰：'子好勇乎？吾尝闻大勇于夫子矣：自反而不缩，虽褐宽博，吾不惴焉；自反而缩，虽千万人，吾往矣。'孟施舍之守气，又不如曾子之守约也。"

从以上文字可知，孟子认为修炼"不动心"的方法是"养勇"，"养勇"的方法虽因人而异，例如，北宫黝、孟施舍、曾子、子夏各有其"养勇"的方法，但是本质上大体可以分为两类，一类是孟施舍、曾子的"养勇"类型，一类是北宫黝、子夏的"养勇"类型。所谓"孟施舍似曾子，北宫黝似子夏"，所说就是此种式样的类型划分。而由"孟施舍似曾子，北宫黝似子夏"，还可知"养勇"的两种类型皆是儒家的类型，因为曾子、子夏均为孔子门人，只是孟施舍、北宫黝未能谙习儒家"养勇"方法之真谛，孟子对其并不赞同。据此我们似可推论，儒家不仅特别注重"养勇"，而且有其独特的"养勇"方法。从曾子所言"吾尝闻大勇于夫子矣：自反而不缩，虽褐宽博，吾不惴焉；自反而缩，虽千万人，吾往矣"可知，儒家自孔子开始就崇尚"勇"，孔子本人就有其"养勇"的方法。由此可以推知，曾子、子夏的"养勇"方法源自孔子，是各自对孔子"养勇"方法的发展。儒家之所以重视"养勇"，是因为儒家特别重视"勇"。例如，孔子曾云："仁者必有勇"（《论语·宪问》），"见义不为，无勇也"（《论语·为政》），"勇者不惧"（《论语·子罕》）。孔子还将"勇"看作君子之道:"子曰:'君子道者三,我无能焉:仁者不忧,知者不惑,勇者不惧。'子贡曰:'夫子自道也。'"(《论语·宪问》)这些,就是证据。

孟子讨论"养勇",论述北宫黝、孟施舍等人的"养勇"方法,认为"养勇"的方法以"约"也即简约为上。以"约"为标准,孟子认为孟施舍的"养勇"方法比北宫黝的"养勇"方法简约,孟施舍的"养勇"方法优越于北宫黝的"养勇"方法。由于"孟施舍似曾子,北宫黝似子夏",可推知,在孟子看来,曾子的"养勇"方法比子夏的"养勇"方法简约,曾子的"养勇"方法优越于子夏的"养勇"方法。这表明,曾子的"养勇"方法相比于子夏,更接近于孔子,深得孔子"养勇"之精髓。当然,从曾子能够准确表述孔子的"养勇"方法为"自反而不缩,虽褐宽博,吾不惴焉;自反而缩,虽千万人,吾往矣",也可知其谙熟孔子的"养勇"方法,并得其精髓。

孟子在讨论"养勇"时,又将"养勇"归结为"守气"。在其比较孟施舍和曾子的"养勇"方法之优劣时,他说:"孟施舍之守气,又不如曾子之守约也",认为孟施舍的"养勇"方法虽然比北宫黝简约,但是比曾子繁琐;相应的,曾子的"养勇"方法比孟施舍简约;孟施舍和曾子的"养勇"就是"守气",曾子的"守气"方法比孟施舍简约。这样,"养勇"就是"守气","其养勇即养气也"[1]，"不动心"的方法可以说就是"守气"；"养勇"的方法以"约"为上，"守气"的方法也是以"约"为上。还有，"养勇"属于儒家的方法，"守气"也属于儒家的方法。由于"养勇"就是"守气"，而"勇"属于儒家之"德"，这意味着"气"是道德性的存在，具有道德属性；由于"养勇"就是"守气"，还意味着"勇"也是"气"，"勇"乃气之一种。基于"勇"乃气之一种，"勇"是气的组成部分，扩而言之，从德、气关系来看，"德"组成了"气"，"气"乃由"德"所构成。此外，既然"养勇"就是"守气"，就是持守住自己的"气"，则气之于人则是先天的、内在的。

"德"组成"气"，"气"由"德"所构成，则意味着一方面气为德之根源，说明孟子试图从气的维度、高度为德寻找依据；另一方面气是道德性构成物，气是"善"的存在。孟子从气之维度、高度论述德之由来，受惠于孔子的"天生德于予"（《论语·述而》），尝试为人之"德"找寻根据，又不满于孔子从天之维论证德之由来，以为德出自天——毕竟天、人相距遥远，天是远离人的高高在上、遥不可及的存在。

何谓"不动心"？赵岐解"动心"为"动心畏难"

① 该引文出自冯友兰：《孟子浩然之气章解》。该文刊发于《清华学报》第13卷第1期（1941年4月），自1944年商务印书馆将其作为《中国哲学史》"附录"之一种起，该文一直作为《中国哲学史》之"附录"。引文见冯友兰：《中国哲学史》下册，华东师范大学出版社2000年出版，第429页。

（《孟子正义》卷六），解"不动心"为"不妄动心有所畏也"（《孟子正义》卷六）；朱熹解"动心"为"有所恐惧疑惑而动其心"（《孟子集注·公孙丑章句上》）。杨泽波先生认为赵岐的解释相比于朱熹更为合理，朱熹基于孔子的"四十而不惑"（《论语·为政》），认为"孔子'四十而不惑'，亦不动心之谓"（《孟子集注·公孙丑章句上》），以"惑""疑惑"释"动心"，是不合理的①。他说："赵岐以'畏难'、'畏惧'释'动心'。朱熹《孟子集注》基本承此义，所不同的是，他依孔子'四十而不惑'之义，在'畏惧'基础上又加上'疑惑'的含义。我认为，相比而言，还是赵《注》比较准确些……'动心'就是'使心动'、'畏难'、'畏惧'，'不动心'就是'不畏难'、'不畏惧'，完全属于勇的范畴，和认知没有直接联系，朱熹将'动心'释为'疑惑'，其不合理是非常明显的。"②杨先生结合孟子"养勇"而解读孟子之"不动心"，并以此判定赵岐和朱熹解释之优劣，指出朱熹解释之不

---

① 朱熹的观点影响很大，当代孟学研究的著名学者黄俊杰先生也受朱熹影响。他说："孔、孟均以四十为人生之关键年龄。孔子说：'年四十而见恶焉，其终也已。'孔子自述自己成德的历程，亦有'四十而不惑'之言。朱子集注：'于事物之所当然，皆无所疑，则知之明而无所事守矣。'孟子此处所谓'四十不动心'，殆亦指孔子所说之同一人生境界而言。"（黄俊杰：《中国孟学诠释史论》，社会科学文献出版社2004年出版，第171页。）

② 杨泽波：《孟子气论难点辨疑》，《中国哲学史》2001年第1期，第55页。

足，是有说服力的。结合赵岐、朱熹的解释，参考杨先生的解读，联系上下文意以及孟子的心性学说，笔者以为"不动心"就是让心灵不为任何内外因素所"动"，特别是指不为任何不利因素所干扰，例如，不被困难、危险、恐吓、痛苦等吓倒、干扰、左右，从而保持"静"，也即保持内心的宁静、镇定。当然，也指不为外部的诱惑、不为个人的私利等所干扰、影响，从而产生贪念、贪欲，滑向罪恶，而是保持内心的平和、安详。

修炼"不动心"的方法是儒家的方法，修炼"不动心"的具体方法是"养勇""守气"，而"勇"属于"德"，这说明不仅"不动心"与"养勇""守气"有着内在关联，这种内在关联体现为，由"养勇""守气"而使心"不动"，而且"心"与"德""气"也有着内在关联，这种内在关联体现为勇与气或曰德与气的状况决定心的状况，从心、气关系来看，也可以说气决定心。

三

我们再看孟子对于告子"不得于言，勿求于心；不得于心，勿求于气"的评论，以及由此展开的孟子关于"气"的讨论：

> 曰："敢问夫子之不动心与告子之不动心，可得闻与？""告子曰：'不得于言，勿求于心；不得于心，勿求

于气。'不得于心，勿求于气，可；不得于言，勿求于心，不可。夫志，气之帅也；气，体之充也。夫志至焉，气次焉，故曰持其志，无暴其气。""既曰'志至焉，气次焉'，又曰'持其志，无暴其气'者，何也？"曰："志壹则动气，气壹则动志也。今夫蹶者、趋者，是气也而反动其心。"

从公孙丑与孟子对话的逻辑来看，面对公孙丑所问："敢问夫子之不动心与告子之不动心，可得闻与"，孟子所说的话应是回答公孙丑之问。事实上，孟子所说的话并不是回应公孙丑的问题，而是顺着自己的思路，从论述"不动心"的方法"养勇"，到论述"养勇"也即"守气"，进而论述"气"本身以及心、气关系。因此，孟子此处所云，纯属论"气"。许多学者囿于公孙丑之问，而从"不动心"的角度解读孟子的话，以为孟子还是在论述"不动心"，导致对孟子的误解。杨泽波先生说："在我看来，'不得于言，勿求于心'谈的是'知言'，'不得于心，勿求于气'谈的是'养气'"[①]，就已指出孟子所引用的告子之"不得于言，勿求于心；不得于心，勿求于气"并非告子的所谓"不动心"的问题，与此相应，孟子对告子"不得于言，勿求于心；不得于心，勿求于气"的评论也不可能是谈自己的"不动心"问题。

---

① 杨泽波：《孟子气论难点辨疑》，《中国哲学史》2001年第1期，第58页。

对于公孙丑的问题"敢问夫子之不动心与告子之不动心，可得闻与"，孟子为什么没有回答？在孟子看来这是个伪问题，或者说是公孙丑在谈话时随意所提的问题，公孙丑本人也知道这个问题不必回答。我们回过头来看孟子与公孙丑刚开始时的谈话内容：

> 公孙丑问曰："夫子加齐之卿相，得行道焉，虽由此霸王，不异矣。如此，则动心否乎？"孟子曰："否！我四十不动心。"曰："若是，则夫子过孟贲远矣。"曰："是不难，告子先我不动心。"曰："不动心有道乎？"

从谈话内容可知，公孙丑知道何为"不动心"，否则他不可能问孟子"动心否乎"，率先提出"动心"与否的问题；从孟子的回答"否！我四十不动心"来看，孟子知道公孙丑之"不动心"是何意，而且孟子与公孙丑的"不动心"含义相同，原因很简单，公孙丑是孟子弟子，其"不动心"出自孟子，否则孟子会先反问公孙丑"不动心"所指，然后再回答公孙丑所问；从孟子所言"是不难，告子先我不动心"来看，孟子只是以告子比自己先"不动心"来说明进入"不动心"的境界并不难，并没有认为他的"不动心"与告子的"不动心"有什么差别；从公孙丑"不动心有道乎"的提问，可知公孙丑也不认为孟子、告子二人的"不动心"有差别，因而直接问了修炼"不动心"的方法问题，如果认为有差别，则很可能先问二者的差别，然后才问"不动心有道乎"。这表明，"不动心"作为儒家的人生境界之一种，是普遍的，其含义是确定的。如果孟子、告子各有其"不动心"，孟子的"告子先我不动心"的说法就没有意义，因为二者含义不同，不具有可比性；如果孟子、告子各有其"不动心"，那么，公孙丑问孟子"动心否乎"时，公孙丑心中的"不动心"是什么呢？是孟子心中的"不动心"，还是告子心中的"不动心"？抑或是自己心中的"不动心"？如果孟子、告子各有其"不动心"，这段对话就不可能继续下去，甚至也无法成立。

正因为公孙丑、孟子、告子三者的"不动心"含义相同，所以当公孙丑问道"敢问夫子之不动心与告子之不动心，可得闻与"，问孟子和告子的"不动心"是什么意思时，孟子没有回答；又因为公孙丑是孟子弟子，孟子更不必出于礼貌而对这个不是问题的问题给以礼貌性的回答。再说，仅仅从公孙丑所问，我们也知道，他认为孟子和告子的"不动心"相同，只是问孟子和告子的"不动心"的含义，而不是认为孟子和告子的"不动心"不同，而问孟子和告子的"不动心"的异同，或者说差异。后世学者由于误以为孟子所引告子的"不得于言，勿求于心；不得于心，勿求于气"，是指告子的"不动心"，孟子所言"不得于心，勿求于气，可；不得于言，勿求于心，不可"等是在谈所谓孟子自己的"不动心"，才把公孙丑的"敢问夫子之不动心与告子之不动心，可得闻与"，解读为公孙丑是问孟子和告子的"不动心"的差别。

现在我们再回到孟子对告子"不得于言,勿求于心;不得于心,勿求于气"的评论。告子的"不得于言,勿求于心;不得于心,勿求于气",朱熹解之曰:"于言有所不达,则当舍置其言,而不必反求其理于心;于心有所不安,则当力制其心,而不必更求其助于气。"(《孟子集注·公孙丑章句上》)剔除朱熹解释此句的"不动心"的视角,我们认为朱熹的解释是合理的。参考朱熹的解读,再参照二程所言"孟子知言,则便是知道"[①],告子此句是说,不能知"言"之"意",也就是说,不能由"言"而知言之"理",则不必求意、求理于心,更不可能由言、由理而求心;不能知"心"之所向,则不必求心愿于气,更不可能由心而求气。由告子此句的意思可知,在告子看来,言(理)出于心,由心而有言(理),但是可以由言(理)而求心;心本于气,由气而有心,但是可以由心而求气。这样,在言(理)、心、气三者关系中,告子认为气是最为根本性的存在。

孟子对告子此句的评论是"不得于心,勿求于气,可;不得于言,勿求于心,不可",否定告子的"不得于言,勿求于心",肯定告子的"不得于心,勿求于气"。这是否定告子的言(理)、心观,而肯定告子的心、气观,认为不仅"得于言",可"求于心",就是"不得于言",

---

① 程颢、程颐:《河南程氏遗书》卷第六,载程颢、程颐:《二程集》,中华书局2004年出版,第88页。

依然可以"求于心"，也即不知言之"意"、言之"理"，依然可以求意、求理于心。孟子的这种看法，基于其"知言"理论："诐辞知其所蔽，淫辞知其所陷，邪辞知其所离，遁辞知其所穷。生于其心，害于其政；发于其政，害于其事。"（《孟子·公孙丑上》）在孟子看来，"诐辞""淫辞""邪辞""遁辞"等所有的"言"皆生发于"心"，因此，不仅"知言"，知"言"之"意"，可以由"言"而求意、求理于心，就是不知"言"，不知"言"之"意"，也可求意、求理于心，也即不经过"言"而直接求意、求理于心。对于孟子由"知言"而表述的言生于心的观点，朱熹、焦循等有精彩的解读。朱熹曰："人之有言，皆本于心。其心明乎正理而无蔽，然后其言平正通达而无病。苟为不然，则必有是四者之病矣。"（《孟子集注·公孙丑章句上》）焦循曰："此'生于其心'四句，承上蔽陷离穷，皆心也。诐淫邪遁，生于心之蔽陷离穷，是生于其心也。"（《孟子正义》卷六）

由此可知，孟子虽然对告子的"不得于言，勿求于心；不得于心，勿求于气"，有肯定，也有否定，但是在言（理）、心、气三者关系方面，毋庸置疑，孟子是同意告子的观点的，他们都认为在言（理）、心、气之间，气最为根本，乃是言（理）、心的根据。不仅如此，告子认为由心而有言（理），孟子则直接表述为言生于心。

由论证"不得于心，勿求于气"出发，更准确地说，由论证气之于心的根本地位出发，孟子接下来论"心"与

"气"的关系：

> "夫志，气之帅也；气，体之充也。夫志至焉，气次焉，故曰持其志，无暴其气。""既曰'志至焉，气次焉'，又曰'持其志，无暴其气'者，何也？"曰："志壹则动气，气壹则动志也。今夫蹶者、趋者，是气也而反动其心。"

这里，我们先解"气，体之充也"。孟子的意思是，人是由气所构成的，气是人的本原，是人之为人的物质基础，人之"身""心"均出自气，这是心、气关系中气为心之本的基础和依据。然后，我们再解"夫志，气之帅也"等，为了弄清"夫志，气之帅也"等，我们先要弄清何为"志"？赵岐解之曰："志，心所念虑也"（《孟子正义》卷六），朱熹解之为"心之所之"（《孟子集注·公孙丑章句上》），均是以"心"解"志"，认为"志"乃心之意愿、心之所向。这样，"志"在本质上就是"心"。当代著名学者李存山先生引《孟子》原著解读孟子之"志"，尤其值得重视。他说："《孟子·离娄》篇云：'此所谓养口体者也，若曾子则可谓养志也。''口体'是指肉体，也就是'气，体之充也'的体；'志'与'口体'相对，志是指心，指精神。《尽心上》又云：'何谓尚志？曰：仁义而已矣。'志一方面是指心，另一方面又指心中固有的道德观念——仁义之性。"①李先生指出"志"有两种含义，是精准的，但是此处"志""气"相对，气指构成人之身体的气，志只能是与"身"相对的"心"。"志"是"心"，那么，孟子要表达的是，"身"由"气"所构成，如此，身、心关系在某种意义上就是心、气（构成人身体之"气"）关系，基于心是主动性存在，气乃被动性存在，以及身、心关系上的心主身从的状况，在志与气、心与气之间，志、心是主帅、主导，气是士卒、被引导者，人持守自己的志、自己的心，就不会乱自己的气，因此，志、心是至高的存在，气是次要的存在。当然，气也不是绝对被动的存在，气对于志、对于心也有反作用。值得注意的是，这里孟子所要论述的是，在价值的层面，心、气关系体现为心主宰气。就是说，所谓"夫志，气之帅也"，仅仅是从价值层面而言的，并不是从本原意义上论说的。如果从本原意义上理解"夫志，气之帅也"，以为由志、心而有气，则是错误的。由上可知，在物质层面、本原意义上，气决定心；在价值层面，心决定气。

此外，孟子"夫志，气之帅也；气，体之充也"等所论述的气乃是构成身体的气，据此可推论，孟子所评论的告子之"不得于言，勿求于心；不得于心，勿求于气"中的气，也应是构成身体的气。这么说，人之身休由气所构成，这种观点就不应是孟子的首创，而是孟子、告子时期

---

① 李存山：《中国气论探源与发微》，中国社会科学出版社1990年出版，第108页。

儒家共同的观点，孟子只是对其作了发展。

四

孟子认为人之身由"气"所构成，人之身中有"浩然之气"。为此，孟子进而讨论"浩然之气"：

> "敢问夫子恶乎长？"曰："我知言，我善养吾浩然之气。""敢问何谓浩然之气？"曰："难言也。其为气也，至大至刚，以直养而无害，则塞于天地之间。其为气也，配义与道，无是，馁也。是集义所生者，非义袭而取之也，行有不慊于心，则馁矣。我故曰告子未尝知义，以其外之也。必有事焉而勿正，心勿忘，勿助长也，无若宋人然。宋人有闵其苗之不长而揠之者，芒芒然归，谓其人曰：'今日病矣，予助苗长矣。'其子趋而往视之，苗则槁矣。天下之不助苗长者寡矣，以为无益而舍之者，不耘苗者也；助之长者，揠苗者也。非徒无益，而又害之。"

对于"浩然之气"，孟子虽然"知言"却也觉得"难言"，不过，即便"难言"，孟子还是勉强"言"之。当然，既然"'浩然之气'很难用语言来说明，只能说是仅可意会之物"①，所以我们既不能拘泥于孟子的上述文字的表层意思，也不能离开孟子的上述文字而妄加解说，而要立足于孟子的上述文字而解其言中之意与言外之意。孟子所言"浩然之气"何意？赵岐联系"浩然之气"的"至大"，解之为"浩然之大气"（《孟子正义》卷六），没有得孟子之深意。朱熹解之曰："浩然，盛大流行之貌；气，即所谓体之充者。本自浩然，失养故馁；惟孟子为善养之以复其初也"（《孟子集注·公孙丑章句上》），近于孟子之意。按照朱熹的解读，"浩然之气"盛大流行，不仅内在于人，而且为人所固有；保持"浩然之气"，使之始终处于其原初状态，需要"养"之勿失。朱熹的解释紧扣"我善养吾浩然之气"，特别是紧扣其中的"吾"和"养"二字。有些学者局限于"养吾浩然之气"之"养"，而否定"浩然之气"之于人的内在性、固有性，理由并不充分，因为这种理解忽视了"浩然之气"乃是"吾浩然之气"，为"吾"所固有。另外，孟子曾言："养心莫善于寡欲"（《孟子·尽心下》），"体有贵贱，有小大。无以小害大，无以贱害贵。养其小者为小人，养其大者为大人"（《孟子·告子上》），其所"养"的心以及体之小者、体之大者，不仅为人所固有，而且还是人的构成部分。所以，不可仅凭一个"养"字即判定"浩然之气"非人之固有，乃后天人为而成。

"浩然之气"乃"气"中之"浩然"者，这种内在于人的气从何而来，其与其他气相比独特之处何在？孟子以"其为气也，至大至刚，以直养而无害，则塞于天地之间。其为气也，配义与道，无是，馁也。是集义所生者，非义袭而取之也"表述之。孟子此言，"配义与道""集义所生"是关键。对于"配义与道"，赵岐解之曰："言此气与道义相配偶俱行"，并解"义"为仁义："义谓仁义，可以立德之本也"（《孟子正义》卷六）；程颐解之曰："'配义与道'，即是体用。道是体，义是用，配者合也"[①]，"'配义与道'，谓以义理养成此气，合义与道。方其未养，则气自是气，义自是义。及其养成浩然之气，则气与义合矣"[②]；朱熹解之曰："配者，合而有助之意"，"言人能养成此气，则其气合乎道义而为之助"（《孟子集注·公孙丑章句上》）；毛奇龄解之曰："无论气配道义，道义配气，总是气之浩然者，藉道义以充塞耳"（《孟子正义》卷六）。对于"集义所生"，赵岐解之曰："集，杂也"，"言此浩然之气，与义杂生，从内而出，人生受气所自有者"（《孟子正义》卷六）；程颐解之曰："'集义'是积义，'所生'如集大成"[③]；朱熹解之曰："集义，犹言积

　　① 程颢、程颐：《河南程氏遗书》卷第十五，载程颢、程颐：《二程集》，中华书局2004年出版，第161页。
　　② 程颢、程颐：《河南程氏遗书》卷第十八，载程颢、程颐：《二程集》，中华书局2004年出版，第206页。
　　③ 程颢、程颐：《河南程氏遗书》卷第十五，载程颢、程颐：《二程集》，中华书局2004年出版，第170页。

善，盖欲事事皆合于义也"，"言气虽可以配乎道义，而其养之之始，乃由事皆合义，自反常直，是以无所愧怍，而此气自然发生于中"（《孟子集注·公孙丑章句上》）；焦循解之曰："杂从集，《方言》云：'杂，集也'。故杂集二字皆训合。与义杂生即与义合生也。与义合生，是即配义与道而生也"（《孟子正义》卷六）。研读孟子上述文字，结合赵岐、程颐、朱熹、焦循等诸家之训解，可知孟子认为"浩然之气"是由"气"与"义""道"相结合的产物，尤其是与"义"相结合的产物，因此，"浩然之气"不仅是自然的存在，也是道德的存在，不仅具有自然属性，还具有道德属性，并以其道德属性而有别于一般的、普通的气；"浩然之气"内在于人，需要人之主动自觉的"养"，以确保其不受伤害乃至丧失，从而始终保持其本来的状态、模样。简言之，存于人之身的"浩然之气"需要培养，"'浩然之气'的培养，必须以'道义'为其本"[1]。"浩然之气"因"配义与道""集义所生"，与其他气相比，具有仁义等道德属性，并因具有道德属性而宏大、刚正，由内而外发显于身体之外，乃至充塞天地之间[2]。程颐云：

---

[1] 李景林：《"浩然之气"的创生性与先天性——从冯友兰先生〈孟子浩然之气章解〉谈起》，《社会科学战线》2007年第5期，第15页。

[2] 张奇伟先生认为孟子所言"浩然之气""'塞于天地之间'并非哲学的命题，而是文学的夸张……'塞于天地之间'是孟子对自己的观点的自信和夸张"（张奇伟：《孟子"浩然之气"辨正》，《中国哲学史》2001年第2期，第45页）。这种观点有深意。

"'至大'、'至刚'、'以直'，此三者不可阙一，阙一便不是浩然之气"[1]，"须是见'至大'、'至刚'、'以直'之三德，方始见浩然之气"[2]，就是抓住了"浩然之气"的道德属性，而以其为"浩然之气"的特点。

告子持仁内义外之说。他说："仁，内也，非外也；义，外也，非内也"（《孟子·告子上》），视"义"为外在于人的存在。孟子不仅认为仁"内"，而且认为义也"内"，持仁内义内之说，坚持仁、义皆是内在于人的存在的立场。因此，孟子在论述"浩然之气"乃"集义所生"时，为了防止他人从"义外"的角度理解之，或者说从告子的角度理解之，从而误解"浩然之气"是外在于人的存在，特意批评告子："是集义所生者，非义袭而取之也，行有不慊于心，则馁矣。我故曰告子未尝知义，以其外之也。"这里，孟子批评告子"未尝知义"，不是批评告子不知道何为"义"，而是批评告子不知道"义"之由来，以及由不知道"义"之由来而造成的在人、"义"关系上不知道"义"之于人的内在性。为什么"义"是内在性的存在？在《孟子·告子上》中孟子与告子有论辩，但是孟子没有正面论述"义"的内在性的理由；孟子弟子公都子与孟季子也有论辩，但是公都子未能解释"义"的内在性的

---

① 程颢、程颐：《河南程氏遗书》卷第十九，载程颢、程颐：《二程集》，中华书局2004年出版，第252页。

② 程颢、程颐：《河南程氏遗书》卷第十五，载程颢、程颐：《二程集》，中华书局2004年出版，第170页。

理由。其实，孟子曾云："君子所性，仁义礼智根于心"（《孟子·尽心上》），以"义"根植于内心，从心灵的维度解答了"义"的内在性问题。

"浩然之气"乃"配义与道""集义所生"。在此意义上，所谓"养""浩然之气"必须以"义"、德为其根本。那么，如何"养""浩然之气"？孟子答以"必有事焉而勿正，心勿忘，勿助长也，无若宋人然。宋人有闵其苗之不长而揠之者，芒芒然归，谓其人曰：'今日病矣，予助苗长矣。'其子趋而往视之，苗则槁矣。天下之不助苗长者寡矣，以为无益而舍之者，不耘苗者也；助之长者，揠苗者也。非徒无益，而又害之"。朱熹解之曰："此言养气者，必以集义为事，而勿预期其效，其或未充，则但当勿忘其所有事，而不可作为以助其长，乃集义养气之节度也……舍之不耘者，忘其所有事；揠而助之长者，正之不得，而妄有作为者也。然不耘则失养而已，揠则反以害之。无是二者，则气得其养而无所害矣。"（《孟子集注·公孙丑章句上》）参照朱熹的解读，可知孟子认为养气、养"浩然之气"在于"集义"，在于心中时时刻刻自觉地同时也是自然地以"义"为标准要求自己，让"义"成为人的行为的唯一的内在依据和内在目的，一方面，不放任自己，违背道义，而使自己失去"义"，另一方面，不为外在的目的所驱使而去行"义"，也不刻意地强求自己去行"义"，更不会利用外在因素去追逐"义"。简言之，养气出乎内心的内在需要，是内心的呼唤和追求。

这样，"浩然之气"是由"气"与"义"相结合而生成的，"浩然之气"内在于人，且具有道德属性。同时，养"浩然之气"也是人的内在需要，是心灵的呼唤。

由养"浩然之气"，联系孟子所论"守气"。孟子所守之"气"为内在于人的、具有道德属性的气，而"浩然之气"也是内在于人的、具有道德属性的气，二者在本质层面完全相同。如此，孟子所守之气即为"浩然之气"，"守气"即守住"浩然之气"。

人由"气"所构成，"气"充塞人之全身，这是人能够"守气"、养"浩然之气"的基础和前提，反过来，人所守之"气"、所养之"气"就是构成人之身体的"气"。由此可知，构成人之身体、使人之为人的"气"就是"浩然之气"。朱熹也是这么理解的："问：'浩然之气，即是人所受于天地之正气否？'曰：'然。'……或问：'浩然之气，是天地正气，不是粗厉底气。'曰：'孟子正意，只说人生在这里，便有这气，能集义以养之，便可以充塞宇宙，不是论其粗与细、正与不正。'"（《朱子语类》卷第五十二）戴震同样也是这么理解的："所资以养者之气，与其身本受之气，原于天地非二也。"（《孟子字义疏证》）这样，人由"气"所构成，其实就是由"浩然之气"所构成。这恰是孟子对儒家气论的发展。

五

孟子除了气与"浩然之气"的论述之外，还有关于"平旦之气""夜气"的论述。其关于"平旦之气""夜气"的讨论，与"仁义之心"相连，由"仁义之心"而引出：

> 孟子曰："牛山之木尝美矣，以其郊于大国也，斧斤伐之，可以为美乎？是其日夜之所息，雨露之所润，非无萌蘖之生焉，牛羊又从而牧之，是以若彼濯濯也。人见其濯濯也，以为未尝有材焉，此岂山之性也哉？虽存乎人者，岂无仁义之心哉？其所以放其良心者，亦犹斧斤之于木也，旦旦而伐之，可以为美乎？其日夜之所息，平旦之气，其好恶与人相近也者几希，则其旦昼之所为，有梏亡之矣。梏之反覆，则其夜气不足以存；夜气不足以存则其违禽兽不远矣。人见其禽兽也，而以为未尝有才焉者，是岂人之情也哉？故苟得其养，无物不长；苟失其养，无物不消。孔子曰：'操则存，舍则亡，出入无时，莫知其乡。'惟心之谓与？"

欲知此段所言"平旦之气""夜气"，需先明晰孟子之"仁义之心"，因为孟子"平旦之气""夜气"之说源于"仁义之心"的论述。我们知道，孟子谈"心"处甚多，孟子之心的属性包括认知性和道德性。从认知维度看心，心是认知之心；从道德维度看心，心是道德之心，道德之心实质上就是"仁义之心"。关于心的认知性，关于认知之心，孟子曰："心之官则思，思则得之，不思则不得也。此天之所与我者"（《孟子·告子上》），认为心是认知之心，"思者，心之能也"[1]，心的属性和价值在于认知，心的认知能力或者说职能是先天的、内在的，同时也是人之固有的，乃天之所赋。这里，孟子将心之认知能力、认知属性溯源于天，从天的高度论证心的认知性。朱熹解之曰："心则能思，而以思为职。凡事物之来，心得其职，则得其理，而物不能蔽；失其职，则不得其理，而物来蔽之。此三者，皆天之所以与我者。"（《孟子集注·告子章句上》）此解释合乎孟子之意。

关于心的道德性、关于"仁义之心"，孟子有多处论述："恻隐之心，仁之端也；羞恶之心，义之端也；辞让之心，礼之端也；是非之心，智之端也。人之有是四端也，犹其有四体也。"（《孟子·公孙丑上》）"恻隐之心，人皆有之；羞恶之心，人皆有之；恭敬之心，人皆有之；是非之心，人皆有之。恻隐之心，仁也；羞恶之心，义也；恭敬之心，礼也；是非之心，智也。仁义礼智非由外铄我也，我固有之也。"（《孟子·告子上》）"仁，人心也。"（《孟子·告子上》）针对孟子"四端"与"四德"的、看似不一致的不同说法，朱熹有解释："前篇言是四

---

[1] 戴震云："孟子曰：'耳目之官不思，心之官则思'，是思者，心之能也。"（《孟子字义疏证》）

者为仁义礼智之端，而此不言端者，彼欲其扩而充之，此直因用以著其体，故言有不同耳。"（《孟子集注·告子章句上》）不过，这不是笔者所要讨论的。孟子的意思是说，心是道德之心，心的属性在于其道德性，心的道德性是先天的、内在的，同时也是人之所固有的，不过，心之道德属性并非"天"之所赋，而是来自人自身。原因在于人之一心，由仁所构成，所谓"仁，人心也"就是此意；人之"四心"——恻隐之心、羞恶之心、辞让之心（恭敬之心）、是非之心分别由仁义礼智之"端"所构成，甚至直接就是分别由仁义礼智所构成。就是说，心由德所构成。这里，孟子将心之道德属性溯源于人自身，而不是溯源于"天"，从心之构成、心之结构的维度论证心的道德属性。

现在我们回到此段文字。在孟子看来，牛山之木本来茂盛、美丽，这种茂盛、美丽依靠自身的生长以及雨露的润泽得以延续、发展，可是人为的砍伐伤害了树木，而牛羊的啃咬又伤害了树木的嫩枝、新芽，从而导致牛山之木的毁灭、牛山的荒芜。从更深层的意义上讲，牛山之木的生长、发展比不上其被毁坏的程度，尤其是其嫩枝、新芽被破坏使其失去了"生长点"，更是更深层的原因。因此，朱熹曰："山木虽伐，犹有萌蘖，而牛羊又从而害之，是以至于光洁而无草木也。"（《孟子集注·告子章句上》）

与牛山之木相似，"仁义之心"也即"良心"①，人皆有之，然而，"仁义之心"之所以丧失其所"养"，之所以被放逐，之所以黯而不明，是由于人日夜生长的"仁义之心"被白天的违背仁义的行为所破坏、毁灭。在更深的意义上，人日夜生长的"仁义之心"赶不上其被毁坏的程度，是其丧失"仁义之心"的更深的原因。缘于此，朱熹曰："人之良心虽已放失，然其日夜之间，亦必有所生长。故平旦未与物接，其气清明之际，良心犹必有发见者。但其发见至微，而且昼所为之不善，又已随而梏亡之，如山木既伐，犹有萌蘖，而牛羊又牧之也。昼之所为，既有以害其夜之所息；夜之所息，又不能胜其昼之所为，是以展转相害。至于夜气之生，日以寖薄，而不足以存其仁义之良心，则平旦之气亦不能清，而所好恶遂与人远矣。"（《孟子集注·告子章句上》）

"仁义之心"如何日夜生长？孟子认为"仁义之心"依靠自身的生长以及"平旦之气""夜气"的作用得以生存、发展。"平旦之气""夜气"之于"仁义之心"的作用，相当于"雨露"之于"牛山之木"的作用。白天，"仁义之心"的生长集中在清晨；夜晚，"仁义之心"的生长集中在深夜。清晨，"仁义之心"因"平旦之气"的诱

———————

① 朱熹云："良心者，本然之善心，即所谓仁义之心也。"（《孟子集注·告子章句上》）焦循云："良之义为善，良心即善心，善心即仁义之心。"（《孟子正义》卷二十三）朱熹和焦循的解释均极有见地。

发而生长；深夜，"仁义之心"因"夜气"的诱发而生长。

由"仁义之心"的生长，孟子引出"平旦之气""夜气"。何为"平旦之气"？何为"夜气"？单独看"平旦"与"夜"，二者都是时间概念，从时间之维看"平旦之气"和"夜气"，"平旦之气"就是清晨之气，"夜气"就是深夜的气。孟子为什么对清晨的气、深夜的气情有独钟，大概是因为清晨的气新鲜、纯洁，深夜的气宁静、干净，与其他时候的气相比，都没有遭受污染。这么看，"平旦之气"和"夜气"都是自然之气。

从孟子"平旦之气，其好恶与人相近也者几希"，以及"夜气不足以存则其违禽兽不远矣"等来看，是否拥有、积蓄"平旦之气""夜气"还是人与禽兽相区别之所在。人之所以为人、之所以具有人的本性，就在于拥有并积蓄"平旦之气""夜气"；禽兽之所以为禽兽、之所以仅仅具有禽兽的属性，就在于并不拥有、更不积蓄"平旦之气""夜气"。因此，人如果不主动拥有并积极积蓄"平旦之气"和"夜气"，就会堕落为禽兽一般的存在。这表明，"平旦之气""夜气"的属性决定了人的本质属性，同时，人的本质属性又不是人与禽兽所共有的自然性。那么，"平旦之气""夜气"除了自然性之外，还有什么属性足以决定人的本质属性？

关于人的本质属性，孟子曾曰："人之所以异于禽兽者几希，庶民去之，君子存之。舜明于庶物，察于人伦，由仁义行，非行仁义也"（《孟子·离娄下》），"仁也者，人也"（《孟子·尽心下》），明确提出人的本质属性、人与禽兽的区别在于仁或曰仁义，人是道德性存在。人的本质属性、人之所以为人在于仁或曰仁义，同时，人的本质属性、人之所以为人又决定于"平旦之气""夜气"，据此可知，"平旦之气""夜气"拥有仁或曰仁义，"平旦之气""夜气"除了具有自然属性之外，还具有道德属性。由此，我们也可知，正因为"平旦之气""夜气"拥有仁或曰仁义，"仁义之心"的养育才需要"平旦之气""夜气"的雨露般的滋润。不过，"平旦之气""夜气"在人之"仁义之心"的生长过程中所起的作用虽与雨露在牛山之木生长过程中所起的作用相似，但是"平旦之气""夜气"对于人的作用与雨露对于牛山的作用，是有着质的区别的。不仅"仁义之心"决定人的本质，而且"平旦之气""夜气"也决定人的本质，而对于牛山来说，牛山之木决定牛山的本性，雨露却不决定牛山的本性，对牛山的本性只起着间接的作用。这就是"平旦之气""夜气"中的道德属性与人的本质属性一致、相同的原因。

　　由"平旦之气""夜气"拥有仁或曰仁义可知，对于"平旦之气""夜气"就不可以仅仅从"平旦""夜"等时间之维来视之。"平旦之气"应是"平旦"之时的气与仁、仁义相结合的产物，"夜气"应是"夜"之时的气与仁、仁义相结合的产物，而"平旦"之时、"夜"之时的气之所以可以与仁、仁义相结合，在于这时的气纯洁、干净。简言之，"平旦之气""夜气"都是洁净的气与"德"相结合的产物。这样，"平且之气""夜气"与"浩然之气"就有着本质上的一致性：它们都是气与"德"相结合而成，都具有自然与道德双重属性。

余 论

综上所述，孟子讨论"气"，出于论述"心"的需要，是由"不动心"与"仁义之心"的阐释而引发的。孟子认为人是由气所构成的，构成人的气即"浩然之气"，而"浩然之气"乃是由气与义等相结合而产生，因此，"浩然之气"之于人具有内在性，"浩然之气"具有道德属性；修炼"不动心"需要"养勇"，"养勇"本质上即"守气"，人们所守的气就是人之固有的"浩然之气"，因此，修炼"不动心"实质上就是养"浩然之气"、守"浩然之气"；保护"仁义之心"需要"平且之气""夜气"，"平且之气""夜气"乃纯洁、干净的自然之气，同时又具有道德属性，这是其能够协助"仁义之心"生长的原因。在心、气关系上，由"不动心"需要"守气"，可知气决定心，"浩然之气"决定心；由"仁义之心"需要"平且之气""夜气"的养护，可知"平且之气""夜气"保护心；由"夫志，气之帅也"，可知心主宰气，心主宰"浩然之气"。这既说明了孟子气的思想的矛盾性，更说明了孟子气的思想的复杂性。

正因为孟子讨论"气"，出于论述"心"的需要，其所论"气"有其局限性。这种局限性表现为，在形式上没有单独论"气"，也没有专门论"气"；在内容上没有论述具有普遍意义的气，而只是论述"浩然之气""平旦之气""夜气"等特殊的"气"；在哲学意义上没有论述气的本质、内涵，更没有对于气作哲学定位，而只是论述"浩然之气""平旦之气""夜气"等特殊之气的属性与价值。

我们知道，孟子集中力量论述了心、性问题，其学说甚至被视作心性学说，在更深层的意义上孟子学说的出发点和根基在于论证人之"善"、人的道德性问题。孟子讨论人性善，是为了解决人的本质的道德性问题，换言之，是为了证明人是"善"的存在；孟子讨论"心"，是为了解决其人性善问题，是为了将仁义礼智等善性奠基于心灵之上，让"仁义礼智根于心"（《孟子·尽心上》）；孟子讨论气，是为了解决"不动心"与"仁义之心"的问题。这样，"心"与人性发生直接联系，心作为道德存在是人性善的根据，"气"则通过"心"而与人性相联系，构成人之身体的"浩然之气"也可以是人性善的依据，虽然孟子没有明言，甚至也没有意识到，但是这在孟子思想中是客观存在的；"气"构成人之"身"，意味着也构成了人之"心"，"心"作为认知性、道德性存在而与"身"相对，"心"作为物质性存在则是身体的组成部分，如此，"气"和"心"都具有道德性，都是道德存在，"心"的道德性乃是"气"赋予的。这么说，孟子思想中关于人是"善"的存在的证明可以不必通过其关于心、性的论述，而直接从构成人的"气"出发加以论证——构成人的"气"是道德性存在，人当然是"善"的。

关键是后世有些儒家学者未解孟子理论中的"性""气"关系，以为"孟子言性不及气"（《朱子语类》卷第五十九），并因此而批评孟子。例如，朱熹反复云："程子：'论性不论气，不备；论气不论性，不明。'如孟子'性善'，是论性不论气；荀扬异说，是论气则昧了性……程子只是立说，未指孟子。然孟子之言，却是专论性……如孟子说性善，是'论性不论气'也。但只认说性善，虽说得好，终是欠了下面一截。自荀扬而下，便祇'论气不论性'了"（《朱子语类》卷第五十九），"孟子说性善，只见得大本处，未说到气质之性细碎处。程子谓：'论性不论气，不备；论气不论性，不明，二之则不是。'孟子只论性，不知论气，便不全备"（《朱子语类》卷第五十九）。朱熹人性学说受惠于张载、二程，张载将人性分为"天地之性"和"气质之性"，认为二者都源于"气"；二程受此启发，将人性分为"天命之谓性"与"生之谓性"，也即分为天命之性与气禀之性，认为前者出自"理"，后者出自"气"，由于二程以"理"为本，因而以为天命之性更为根本，并且说："论性而不及气，则不备；论气而不及性，则不明"[1]，"论性不论气，不备；论气不论性，

_____

① 杨时、张栻：《河南程氏粹言》卷第二，载程颢、程颐：《二程集》，中华书局2004年出版，第1253页。

不明（一本此下云：'二之则不是'）"①，意味着只言天命之性而忽视气禀之性，其人性学说是不完备的，只言气质之性而忽视天命之性，其人性学说是黯而不明的，也即不知人性学说。朱熹继承张载关于"天地之性"和"气质之性"的划分，却以为"天地之性"出于"理"，"气质之性"出于"理"和"气"二者，并利用二程"论性不论气，不备；论气不论性，不明"的论断，来批评孟子人性论只从"理""心"出发而论性，只言及"天地之性"，没有从"气"入手讨论"性"，没有言及"气质之性"，并同时批评荀子、扬雄等人性论只从"气"出发而论性，只言及"气质之性"，没有从"理""心"入手讨论"性"，没有言及"天地之性"。

　　受程朱影响，当代著名新儒家学者牟宗三先生将人性分为"两路"："凡言'性'有两路：一、顺气而言，二、逆气而言。顺气而言，则性为材质之性，亦曰'气性'（王充时有此词），或曰'才性'，乃至'质性'……顺气而言性，则上溯性之根源为'元一之气'，简称曰'元气'，或直曰'气'"；"逆气而言，则在于'气'之上逆显一'理'。此理与心合一，指点一心灵世界，而以心灵之理性所代表之'真实创造性'（Real Creativity）为'性'。此性乃宋儒所说之'天地之性'，或'义理之性'，而以孔子之'仁'、孟子之'心性'、《大学》之'明德'、

----

　　① 程颢、程颐：《河南程氏遗书》卷第六，载程颢、程颐：《二程集》，中华书局2004年出版，第81页。

《中庸》之'中'与'诚'（'天命之谓性'之性亦在内）、程、朱之'理'与'性'、象山之'心'、阳明之'良知'、蕺山之'意'，以实之。"①牟先生所谓"顺气而言"性者，对应程朱的"论气不论性"，其"逆气而言"性者，对应程朱的"论性不论气"，只是牟先生虽认为孟子没有将"性"与"气"相联系，但是没有因此而批评孟子。

其实，孟子所论"性""气"之间存在着客观的联系，这种联系虽不为多数学者所注意，还是有学者对此有所发现。戴震对此就有明确论述："孟子所谓性，所谓才，俱指气禀，指其禀受之全曰性，指其体质之全曰才。"（《孟子字义疏证》）

（原载《中原文化研究》2015年第5期，有改动）

---

① 牟宗三：《才性与玄理》，吉林出版集团有限责任公司2010年出版，第3页。

以 "心" 论性与以 "生" 论性
——孟、荀人性论的分别

关于孟子和荀子的人性论以及孟子和荀子人性论的异同，一直为学者们所关注，相关的研究成果也较多，但是仍有未尽人意之处。笔者拟另辟蹊径，从 "性" 字的结构入手，试图对其作进一步研究。

"性" 由 "心" 和 "生" 所组成，完整的人性应包括 "心" "生" 两个部分。孟子、荀子讨论人性均以 "性" 的结构作为切入点，孟子认为人性中的 "心" 指仁（广义的仁），他说 "仁，人心也"（《孟子·告子上》），心为仁所充斥。由于广义的仁包括仁（狭义的仁）义礼智诸德，孟子又认为人性中的 "心" 指仁义礼智诸德，所以他又说："恻隐之心，仁也；羞恶之心，义也；恭敬之心，礼也；是非之心，智也。"（《孟子·告子上》）既然人心由恻隐之心、羞恶之心、恭敬之心、是非之心等四个部分（"四心"）所组成，而这四个部分（"四心"）又分别由仁、义、礼、智等 "四德" 所构成，完整的一心当然就是由仁义礼智等"四德"所构成。此外，孟子在另一处又说道："恻隐之心，仁之端也；羞恶之心，义之端也；辞让之心，礼之端也；是非之心，智之端也。"（《孟子·公孙丑上》）这是说，人心由恻隐之心、羞恶之心、辞让之心、是非之心等四个部分（"四心"）所组成，而这四个部分又分别由仁、义、礼、智等"四端"所构成。这样，完整的一心便是由仁义礼智等"四端"所构成。而无论"心"是由仁所构成，还是由"四德"或"四端"所构成，都表明人性中的"心"即"德"。这种心即德的理路是对子思"五行"（仁义礼智圣）内在于人的观点的深化和证明，同时，这种心即德的理路又将"五行"收缩为"四德"，从而拔高"圣"的位置，凸显成"圣"之艰难。与孟子所理解的人性中的"心"由"德"所构成不同，荀子则认为人性中的"心"由"知"所构成，也就是说，人性中的"心"即"知"，指人的认知能力。因此，他说"凡以知，人之性也"（《荀子·解蔽》），能够认知事物，这是人的本性。至于人性中的"知"，荀子又具体说道："今人之性，目可以见，耳可以听"（《荀子·性恶》），"目辨白黑美恶，耳辨音声清浊，口辨酸咸甘苦，鼻辨芬芳腥臊，骨体肤理辨寒暑疾养，是又人之所生而有也，是无待而然者也"（《荀子·荣辱》），"心生而有知"（《荀子·解蔽》），"人何以知道？曰：心"，"心不可以不知道"（《荀子·解蔽》），说明心中之"知"包括心所主宰的耳目等感官的感性认知能力与心自身的理性认知能力。由此也可以看出，孟子和荀子所理解的人性中的"心"是有质的区别的，孟子人性中的"心"是道德性存在，而荀子人性中的"心"则是认知性存在。

人性中的"生"，孟子认为指人的情欲，他说："口之于味也，目之于色也，耳之于声也，鼻之于臭也，四肢之于安佚也，性也"（《孟子·尽心下》），明确指出口、目、耳、鼻、四肢等感官的欲望构成了人性的"生"的一面。荀子在这一点上，与孟子相同，他说："性之好恶、喜怒、哀乐谓之情"，"情者，性之质也；欲者，情之应也"（《荀子·正名》），以为人性中的"生"实质上就是人之情、人之欲，并且表现为"饥而欲食，寒而欲暖，劳而欲息，好利而恶害"（《荀子·荣辱》《荀子·非相》）等物质欲求和感官欲望。徐复观先生因此说道："荀子虽然在概念上把性、情、欲三者加以界定，但在事实上，性、情、欲，是一个东西的三个名称。而荀子性论的特色，正在于以欲为性。"[1]在此可以看出，孟子人性中的"生"和荀子人性中的"生"无论在内容上还是在本质上都是相同的，均是自然性存在。

对于人性的"心""生"两面，孟子和荀子的取舍与选择各不相同。孟子对人性中的"生"的部分是排斥的，对人性中"生"的部分的论述因此也很少，他认为人之"性"在内容上虽然由"心"和"生"所组成，涵括道德

---

① 徐复观：《中国人性论史·先秦篇》，上海三联书店2001年出版，第205页。

和情欲，但是人性在本质上只能是"心"，也即只能是德："口之于味也，目之于色也，耳之于声也，鼻之于臭也，四肢之于安佚也，性也，有命焉，君子不谓性也。仁之于父子也，义之于君臣也，礼之于宾主也，知之于贤者也，圣人之于天道也，命也，有性焉，君子不谓命也。"（《孟子·尽心下》）这里，孟子通过所谓"君子"对人性内容的取与舍，假借"性""命"之辨的途径，把原本属于"性"的范畴的情欲划入"命"的领域，从而剔除人性中的"生"；把原本属于"命"的范畴的道德（仁义礼智圣等）划入"性"的领域，从而把人性仅仅规定为"心"。由此，孟子说道："君子所性，仁义礼智根于心"（《孟子·尽心上》），并因此而认定人性是"人之所以异于禽兽者"（《孟子·离娄下》）。荀子则相反，他对人性中"心"的部分虽未排斥，却不太重视，他所看重的是人性中"生"的部分，并认为人性主要指人性中的"生"，或者说，人性在本质上主要就是"生"。由此，他认定人性是人之同于禽兽者。因此，荀子关于人性中"生"的一面讨论较多，而关于人性中"心"的一面讨论较少。仅在《荀子·性恶》中，荀子就说道："今人之性，饥而欲饱，寒而欲暖，劳而欲休，此人之情性也"，"若夫目好色，耳好声，口好味，骨体肤理好愉佚，是皆生于人之情性者也"，言人之"性"就是情欲，就是口、耳、目、体等感官的欲求。细究起来，荀子这种以"生"为性、以"性"为情欲的选择，同郭店儒简、商鞅和告子的观点十分相似，很可能是受了郭店儒简、商鞅和告子的影响。郭店儒简有"情生于性"，"欲生于性"（《郭店楚墓竹简·语丛二》），"喜怒哀悲之气，性也"，"好恶，性也"（《郭店楚墓竹简·性自命出》）等语，商鞅曾说："民之性，饥而求食，劳而求佚，苦则索乐，辱则求荣"（《商君书·算地》），告子曾云："食色，性也"（《孟子·告子上》），皆是把情欲当作人性的内容和本质。

由于在质的层面对人性的选择与理解不同，造成了孟子和荀子在道德层面对人性的价值评判的不同。孟子取人性中的"心"，并且以"心"为"德"（仁义礼智等），这样，人性的实现实质上就是道德的践履，人性的价值将不仅指向自我（自我炼养），而且指向他人和社会，必然以提升生命境界，维护社会正义，有益于他人和社会为目标，以此判定人性，人性在道德层面肯定是"善"的。孟子说："乃若其情，则可以为善矣，乃所谓善也"（《孟子·告子上》），即有此意。荀子取人性中的"生"，并且以"生"为"情"为"欲"，这样，人性的实现实质上就是情欲的满足，人性的价值将仅仅指向自我（自我利益的满足），必然以个人的感官享乐为目标，而个人的感官享乐会妨碍他人、危害社会，违反、破坏政治原则和道德规范，以此判定人性，人性在道德层面肯定是"恶"的。荀子说："今人之性，生而有好利焉，顺是，故争夺生而辞让亡焉；生而有疾恶焉，顺是，故残贼生而忠信亡焉；生而有耳目之欲，有好声色焉，顺是，故淫乱生而礼义文理亡焉。然则从人之性，顺人之情，必出于争夺，合于犯分乱理而归于暴"（《荀子·性恶》），即表达了此意。

从性善的立场看待性，孟子自然对人性持肯定态度，主张尽心知性、存心养性、循性而行，充分发显人性的价值，而反对违背人性、放逐其"心"；从性恶的立场看待性，荀子当然对人性持否定态度，要求"化性而起伪"（《荀子·性恶》），以"礼"教化"性"、约束"性"，以"伪"抵御"性"、节制"性"，而反对放纵人性、追逐情欲。

通过上述简明的分析可知，如果仅仅纠缠于性善、性恶，以为孟子和荀子人性论的差别仅仅就在于前者道性善而后者言性恶，我们是很难真正把握孟子和荀子的人性理论的，更不要说分别二者的异同；如果仅仅看到孟子人性理论中"心"的一面而忽视其"生"的一面，仅仅看到荀子人性理论中"生"的一面而忽视其"心"的一面，我们就有可能把孟、荀之"性"简单化、片面化了，从而只见二者表面上的"同"和"异"；从"性"字结构入手，首先厘清孟、荀二人"性"的内容，然后弄明他们对人性内容的取舍，再循此进入其性善、性恶的"世界"，这或许是一条更为有效的路径。

（原载《孔孟月刊》2009年第11、12期合刊，有改动）

"中民之性"：论董仲舒的人性学说

在儒学史上，董仲舒乃开风气的人物，但是其身后相对落寞。时至今日，囿于唐宋诸儒的偏见，学界对其关注依然不够。客观地说，人性学说并非董仲舒思想的重点、核心，但是其对后世儒家人性学说的影响几乎是决定性的，无论是韩愈、李翱，还是张载、二程、朱熹都受其影响。即便如此，学界对其也少有深入细致的研究，目前的研究成果拘限于"性三品"说、"性禾善米"说等，误以为董仲舒所言的人性乃是儒家通常意义上的"人"之性，而未能细察其所谓的人性乃"民"之性，并由此产生偏差。基于此，笔者主要探讨董仲舒的"民"之性，试图纠学界之偏。

一、人性乃"民"性

董仲舒关于人性的论述，有"人"之性与"民"之性两种说法。在《春秋繁露》之《玉杯》《竹林》《玉英》等篇中，董仲舒所言及的人性均为"人"之性。就是说，人性的主体是普遍意义上的"人"。例如，《玉杯》云："人受命于天，有善善恶恶之性，可养而不可改，可豫而不可去，若形体之可肥臞，而不可得革也。"《竹林》云："正也者，正于天之为人性命也。天之为人性命，使行仁义而羞可耻，非若鸟兽然，苟为生，苟为利而已。"《玉英》云："凡人之性，莫不善义，然而不能义者，利败之也。"

这里，董仲舒所要表达的是，人性根源于天，为天所塑造、决定，任何后天的人为都不可改变之；人性的内容是"德"，包括仁义等，其价值指向"善"；人性既是人之本性，同时也是人之为人的本质所在，人正是借助于人性而与禽兽相区别，并从而优越于禽兽。

这种观点同孟子的性善论几无差别，主要的不同在于孟子将性善建立在"心"之上，从心灵维度论证人性之善，而董仲舒则将性善建立在"天"之上，从天的高度论证性善。按理说董仲舒因之应该肯定、称赞孟子的性善论，相反，董仲舒却批评之。至于何因，笔者将在下文作具体分析。

董仲舒在《春秋繁露》之《深察名号》《实性》这两篇文章中集中讨论人性，其他如《玉杯》《竹林》《玉英》诸篇均只是偶尔提及之而已。这说明，《深察名号》和《实性》中的观点才可以算是真正代表董仲舒的人性学说。

在《深察名号》和《实性》中，董仲舒讨论人性的文字分为两类。一类是"性"之前有性之主体，这个主体并非普遍意义上的"人"，而是部分的"人"、特殊的"人"，也即"民"。例如，《深察名号》云："今万民之性，有其质而未能觉……天生民性有善质，而未能善。"《实性》曰："使万民之性皆已能善，善人者何为不见也？"一类是"性"之前没有性之主体。例如，《深察名号》云："民之号，取之暝也。使性而已善，则何故以暝为号。"《实性》云："性有善质，而未能为善也。"

细究上述"性"之前有性之主体的文字与"性"之前无性之主体的文字可以看出，二者本质上是一样的，且联系上下文来解读上述"性"之前无性之主体的文字也可以看出，"性"之主体还是"民"。还有，讨论性的文字大体相同，有的在性之前无主体，有的在性之前则有主体，这个主体就是"民"。例如，《深察名号》云："性如茧如卵。"《实性》则云："中民之性如茧如卵。"这表明董仲舒在《深察名号》和《实性》中所讨论的人性实质是"民"性，董仲舒所讨论的人性即"民"性。由于董仲舒心中的人性不是儒家一般意义上的人性，而是人之中的"民"之性，而民性"未善"，其反对孟子性善之说就可以理解了。

我们认定董仲舒所言人性乃是民性，还有下列更为直接的根据。在《深察名号》中董仲舒云："名性，不以上，不以下，以其中名之。"而在《实性》中董仲舒更进一步明确说道："圣人之性，不可以名性；斗筲之性，又不可以名性；名性者，中民之性。"

在董仲舒看来，没有抽象的统一的人，相应的，也就没有普遍的人性，人有上、中、下三等，也即圣人、中民和斗筲之人之分，相应的，人性就有上等人之性、中等人之性和下等人之性三类，也即圣人之性、中民之性和斗筲之性之别。可是，董仲舒所关注的既非上等人之性，也非下等人之性，换言之，既非圣人之性，也非斗筲之性，而是中等人的性，也即中民之性，因此，他认为上等人和下等人的性、圣人之性和斗筲之性都不是他所讨论的人性，甚至过激地认为这些人之性不是人性，不可以称作"性"，只有中等人之性、中民之性才是他所要讨论的人性，进而才算是真正的人性，才可以称作"性"。至于董仲舒仅言中民之性，而排斥圣人之性、斗筲之性的缘由，笔者将在下文中加以分析。

由此可知，董仲舒所言的人性绝不是孟子、荀子等儒家先贤所言的普遍的人之性，而是部分人的性，也即"民"之性。由于"民"居于圣人与斗筲之人之间，不是上等人，也不是下等人，董仲舒称"民"也称"中民"，其所言"民"之性也称"中民之性"。孟子、荀子认为人在人性面前是平等的，所有人的人性包括圣人和小人的人性是相同的。董仲舒则认为人在人性面前是完全不同的，人的类别、等级不同，其人性也是不同的，人的差别首先就是人性的差别。

正因为董仲舒所考察的人性乃"民"之性，非圣人之性或斗筲之性，而董仲舒在《玉杯》《竹林》《玉英》等篇中所言及的性表面上看似是普遍意义上的"人"之性，实乃圣人之性，所以他一方面认为其所言及的人性也即圣人之性"善"，一方面又反对孟子性善之说，坚持人性"未善"。

二、"民"性有"情"

董仲舒在论及圣人之性的形上根源时曾言："人受命于天，有善善恶恶之性"（《春秋繁露·玉杯》），以为圣人之性本于天，天乃圣人之性的根据。他在论及中民之性的形上根源时又言："人之情性有由天者矣"（《春秋繁露·为人者天》），"夫喜怒哀乐之止动也，此天之所为人性命者"（《春秋繁露·如天之为》），也以为中民之性来自天，天乃中民之性的源头。此处最值得注意的是，董仲舒在讨论中民之性的形上根源时"性""情"连用，甚而以"情"为"性"；其所言说的中民之性包括情，而情又显现为喜怒哀乐等具体情感。

在《深察名号》《实性》中，董仲舒对此有更为明确的表述。他说："性者，天质之朴也"（《春秋繁露·实性》），中民之性是民之自然之资质，这自然之资质包括"情"："身之有性情也，若天之有阴阳也。言人之质而无其情，犹言天之阳而无其阴也"（《春秋繁露·深察名号》）。这是以天之阴阳类比民之情性，以天必有阴阳证明民之"天质之朴"中必有性情，也即民之性中必有情。

董仲舒还说："以麻为布，以茧为丝，以米为饭，以性为善，此皆圣人所继天而进也，非情性质朴之能至也，故不可谓性"（《春秋繁露·实性》），否定"以性为善"、以善为性，其所依据的恰是"情性质朴"之"性"。既然"非情性质朴之能至也，故不可谓性"，那么，"情性质朴"者则为性。这是直接以"情性"解"性"，视情为性之组成部分。此外，董仲舒还说："天地之所生，谓之性情，性情相与为一瞑。情亦性也"（《春秋繁露·深察名号》），这是董仲舒关于性包含情、情亦性的最为明确的表达。

由于民之性包括性、情两面，民之性甚至就是指民之情，董仲舒试图从道德的维度讨论民之性中性情的善恶问题。他说："身之名，取诸天。天两有阴阳之施，身亦两有贪仁之性。"（《春秋繁露·深察名号》）这是由天之阴阳推出民之性情，由民之性情推出民之贪性和仁性。具体而言，由天之阳而有民之性，民之性源于天之阳；由天之阴而有民之情，民之情出于天之阴。由民之性而有仁性，性"仁"是因为性之内容是"德"；由民之情而有贪性，性"贪"是因为性之内容包含了"情"。

董仲舒提出的"民"性有"情"、民性甚至是"情"的观点，无疑是对荀子人性论的继承和发挥。荀子曾云："性之好恶喜怒哀乐谓之情"，"情者，性之质也"（《荀子·正名》），就是用情来解读性，而荀子由情欲而推论人性之"恶"，也启发了董仲舒关于"贪性"的思度。

由于中民之性，性中有情，似可推论圣人之性，性中无情；斗筲之性，性中仅有情。换言之，中民之性包括性情，圣人之性只是性，斗筲之性只是情。中民之性由性情所构成而有"贪"有"仁"，相应的，圣人之性由性所构成应仅有"仁"，斗筲之性由情所构成应仅有"贪"。这样，圣人之性"善"，与孟子性善同；斗筲之性"恶"，与荀子性恶同；中民之性似乎既善也恶、善恶相混，乃综合孟子性善和荀子性恶的产物，董仲舒却将其改造为有"善质"而"未善"，始终不言"恶"。

三、民性有"善质"而"未善"

中民之性包括性情，具有贪仁两面，因此，不可以谓之"善"。据此，董仲舒着重批评孟子的性善说。他说："性有善端，动之爱父母，善于禽兽，则谓之善，此孟子之善。循三纲五纪，通八端之理，忠信而博爱，敦厚而好礼，乃可谓善，此圣人之善也。"（《春秋繁露·深察名号》）董仲舒的意思是，孟子所言的善是从人禽之辨、人兽之别的维度论说的，是"善于禽兽"之善，而非儒家圣人所言的善；儒家圣人所言的善是从人与人的差别的维度论说的，是遵纪好礼之善。因此，"质于禽兽之性，则万民之性善矣；质于人道之善，则民性弗及也……孟子下质于禽兽之所为，故曰性已善；吾上质于圣人之所为，故谓性未善。"（《春秋繁露·深察名号》）从人禽、人兽之别的角度看民性，从禽兽之性与民性的比较来判断民性，以禽兽之所为的标准来界定民性，民性"善"，而从人与人的差别的角度看民性，从圣人之性与中民之性的比较来判断民性，以圣人之所为的标准来界定民性，民性"未善"。孟子性善论的错误就在于以人之下的禽兽为参照物来判定人性，其实，判定民性不仅要以人自身为参照物，而且还要以民之上的圣人为参照物。

这里，董仲舒且破且立，既达到通过批评孟子人性善而确立民性"未善"的目的，又收到通过民性"未善"否定孟子人性善之功效。可以清楚地看出，董仲舒对孟子人性善的批评是牵强的，且夹杂诸多刻意的曲解，绝非所谓"误读"。事实上，孟子性善是建立在道德心的基础之上的。在孟子那里，人心为"仁"，人心由仁义礼智四德或"四端"所构成，由心而性，性之内容即为仁，为仁义礼智四德，由此决定人性之善。

董仲舒言民性"未善"，按照孟子的思路即意味着人性无德无善，这将陷入荀子的性恶之说。为此，董仲舒折中孟荀、熔铸性善性恶，将荀子性恶改造为性"未善"，又将孟子性善改造为"善质"，从而提出"性有善质，而未能为善也"（《春秋繁露·实性》），"天生民性有善质，而未能善"（《春秋繁露·深察名号》）。

民性"未善"，故不能以"善"定义性，但是民性有"善质"，与善有着内在联系。民性与善的这种关系，董仲舒用其著名的"性禾善米"说来表达："性比于禾，善比于米。米出禾中，而禾未可全为米也。善出性中，而性未可全为善也。"（《春秋繁露·深察名号》）类似的文字还有："善如米，性如禾。禾虽出米，而禾未可谓米也。性虽出善，而性未可谓善也。"（《春秋繁露·实性》）由禾而有米，禾决定米，但是禾是禾，米是米，禾不是米，所有的禾都未必一定能成长为米，与此相应，由性而有善，性决定善，具体言之，就是性之"善质"决定民之"善"，但是性是性，善是善，性不是善，性未必都能成就善。如此，性与禾乃"在天所为之内也"（《春秋繁露·实性》），"米与善，人之继天而成于外也，非在天所为之内也"（《春秋繁露·实性》），性乃天之所为，性之所以为性完全出乎天意；善既含天意又含人为，善之所以为善乃性顺乎天意而为的结果。这里，人为受制于天意，甚而是天意的体现。

民性有"善质"而"未善"，而儒家的人生追求是至善。如何成就至善？董仲舒终于抬出了"王"，也即"天子"："天生民性有善质，而未能善，于是为之立王以善之，此天意也。民受未能善之性于天，而退受成性之教于王。王承天意，以成民之性为任者也。今案其真质，而谓民性已善者，是失天意而去王任也。万民之性苟已善，则王者受命尚何任也。"（《春秋繁露·深察名号》）原来，天给予民性以"善质"，而没有赐予民性"善"，目的是设立天子之位，让天子教化民众而使民"善"。反过来，天子的职责就是教化民性使之走向"善"。如果天给予民性以"善"，如果像孟子所言人性皆善，如果人性皆是"圣人之性"，有善无恶，天子就没有存在的价值了。这里，董仲舒以中民之性为性，提出民性"未善"，其为王权作论证的政治目的暴露无遗。回过头来看，董仲舒中民之性的设定，对圣人之性的否定，对孟子性善的批评，真正的立足点是"政治"，而非学术，学术在董仲舒那里是工具。

关于民性与天子的教化之间的关系，董仲舒有精彩的论述："性者，天质之朴也；善者，王教之化也。无其质，则王教不能化；无其王教，则质朴不能善。"（《春秋繁露·实性》）这是说，民生而有性，性因"未善"而需王者教化。性有"善质"，王者之教化方可实施，王者的作用就在于使民由"未善"走向"善"。如果民无"善质"，则王者失去教化的前提和基础；如果没有王者的教化，民凭借其"善质"不可能自觉地由"未善"走向"善"。这里，由民无"善质"，则"王教不能化"，我们还可以看出董仲舒回避、排斥"斗筲之性"的苦衷了：斗筲之性由"情"所构成，"贪"而无"仁"，至恶无善，未有"善质"，天子无从教化，这与圣人之性至善无恶，无须天子教化一样，令天子丧失其存在价值。

综上所述，董仲舒的人性论实质上是"中民之性"论，其人性的主体是"民"，而不是一般意义上的"人"。董仲舒认为"中民之性"包含情，甚或性即情，具有贪仁两面。与孟子的性善论和荀子的性恶论皆不同，董仲舒提出民性有"善质"而"未善"，民之向善需要王者的教化，从而从人性之维为天子的"出场"提供了理论依据。由此，也可以看出董仲舒人性论强烈的政治色彩。

（原载《哲学研究》2010年第10期，有改动）

王充视界中的儒家人性学说

——以《论衡·本性》为中心

　　王充是东汉时期著名的哲学家，王充哲学的主要价值在于批判了董仲舒以来的"天人感应论"[①]，王充用以批判"天人感应论"的主要武器则是其自然观和人性论。王充的人性论是建立在对先秦以来儒家人性学说的研究和批评的基础上的，《论衡·率性》集中表达了其人性学说，而《论衡·本性》则集中探讨了儒家人性学说。对儒家人性学说的探讨，王充是通过选取不同时期儒家代表性人物的人性学说加以研究和批评来进行的，春秋末期和战国早期儒家人性学说，王充选取了儒家创始人孔子及其后学世硕、宓子贱等人；战国中期儒家人性学说，王充选取了孟子和告子；战国末期儒家人性学说，王充选取了荀子；汉代儒家人性学说，王充选取了陆贾、董仲舒和刘向。王充对先秦以来儒家人性学说的研究和批评可以说是中国哲学

　　[①] 陈静：《试论王充对"天人感应论"的批判》，《哲学研究》1993年第11期。

史上最早的较为系统的对于儒家人性学说的研究和批评，透过这种研究和批评，我们可以从王充的视界勾勒出从先秦至汉代儒家人性学说的样式、变化和发展。

王充视界中的儒家人性学说是以其自己的人性学说为标杆的，其对于儒家人性学说的解读、褒贬都是以自己的人性学说为参照的。王充人性学说最为核心的内容是："论人之性，定有善有恶。其善者，固自善矣；其恶者，故可教告率勉，使之为善。"（《论衡·率性》）就是说，没有抽象同一的人性，不同的人有不同的"性"；人性在种类上可分为性善和性恶，性善者顺先天的人性而为自然走向"善"，性恶者通过后天的教化等人为因素可以成就"善"。为什么人性有善恶之别？王充通过"禀气"说和类比的手法加以论说。他说："俱禀元气，或独为人，或为禽兽。并为人，或贵或贱，或贫或富。富或累金，贫或乞食；贵至封侯，贱至奴仆。非天禀施有左右也，人物受性有厚薄也。"（《论衡·幸偶》）谓人和物都禀气而生，人物之别的根源在于禀气有厚薄，得其厚者为人，得其薄者为物；所有的人都禀气而生，人与人的差别的根源也在于禀气有厚薄，得其厚者富贵，得其薄者贫贱。相应的，人性也因禀气而成，人性的差别的根源也在于禀气有厚薄，得其厚者人性善，得其薄者人性恶，所以王充说："禀气有厚泊，故性有善恶也。"（《论衡·率性》）除了以"禀气"说论证人性有善有恶之外，王充还采用类比的手法证明之。他说："使人之性有善有恶，彼地有高有下"（《论衡·率性》），"实者人性有善有恶，犹人才有高有下也"（《论衡·本性》），这是以地之有高有低、人之"才"之有高有下的经验事实来类推人之"性"有善有恶。除性善、性恶之外，王充认为还有一种人性，处于二者之间，其本身既有善又有恶。如果说性善之人"禀气"厚、性恶之人"禀气"薄，那么，这种性中有善有恶之人"禀气"应在厚薄之间。人性之善恶，是否可以改变？王充有明显矛盾的两种说法。一方面，他认为人性之善恶是可以改变的，并且这种改变取决于外在的、后天的条件，所以他说"人之性，善可变为恶，恶可变为善"（《论衡·率性》），而且还以"夫人之性犹蓬纱也，在所渐染而善恶变矣"（《论衡·率性》）作证；另一方面，他又认为人性之善恶不可以改变，所以他又说"人性有善有恶，犹人才有高有下也。高不可下，下不可高"（《论衡·本性》），不仅以人之"才"有高有低证明人性有善有恶，而且还以人之"才"的高低的不变性论证人性之善恶的不可变。由于王充用"禀气"说证明人性之善恶，而人之"禀气"是先天的、不变的，因此，其人性善恶不可变的说法才与其"禀气"说相一致，其人性善恶可变的说法则明显与其"禀气"说相冲突。也许王充意识到了这一点，其在解读、批判儒家人性学说时始终坚持人性善恶不可变。概言之，王充以气论性，以"禀气"厚薄论人性善恶，把人性分为性善、性恶和性中有善有恶这三类，同时，王充认为人性善恶是不可变的，性恶之人则又可以为善。这些，是王充分析、评判儒家人性学说的"武器"。

一、孔子及其后学的人性学说

孔子弟子子贡曾说："夫子之文章，可得而闻也；夫子之言性与天道，不可得而闻也"（《论语·公冶长》），言孔子学说分为"文章"和"性与天道"两大领域，孔子有系统的人性学说。由子贡所言还可知，孔子人性学说是与其天道学说密切相连的，天道很有可能是人性的形上根源。孔子云"天生德于予"（《论语·述而》），就是将德和天相联系，列天为德之形上之源。孔子人性学说的具体内容是什么？《论语》中仅有一条："性相近也，习相远也"（《论语·阳货》），意谓人性是先天的，而习则是后天的；在人性的维度，人是相近的，甚或相同的；在习的维度，人是不同的，甚或千差万别的。这表明，人性是普遍的、同一的，所有人的"性"是一样的，人之不同、差异乃"习"所塑造出来的。

仅凭"性相近也，习相远也"，我们很难把握孔子所谓人性本质上是什么，孔子所谓的人性在道德层面是善还是恶。不过，孔子曾说："吾未见好德如好色者也"（《论语·子罕》），"富与贵，是人之所欲也"（《论语·里仁》），似可据此推论孔子所言的人性应是人的自然属性，指人之食色、欲望之类。可是，从孔子"君子去仁，恶乎成名"（《论语·里仁》）所确立的君子的道德本位，"杀身以成仁"（《论语·卫灵公》）所厘定的生命的价值取向，以及"民之于仁也，甚于水火"（《论语·卫灵公》）所认定的仁之于人生的至上价值，似又可推论孔子所言的人性应是人的社会属性，特别是人的道德属性，指仁等道德规范。从以上引文可以看出，孔子反对人生对于食色、物欲的追逐，对以食色、物欲为性应是否定的，即使以食色、物欲为人性内容，在道德层面也会判定人性恶；孔子崇尚人生对于仁、对于德的追寻，对以仁（德）为性应是肯定的，如果真是如此，在道德层面定会判定人性善。问题是，以食色、物欲为性似乎更为合理，而以仁（德）为性却缺乏合理性，毕竟食色与物欲乃内在于人的存在，为所有人所必需，而仁却是外在于人的存在，仅仅为君子所追求。也许正是这个原因，孔子一直未能"定性"，始终未将其人性学说传授给弟子。

王充视界中的孔子人性学说是怎样的呢？对孔子人性学说，王充没有直接、正面的解说，他是在借用孔子人性学说解读、批评告子人性学说时，对孔子人性学说作了阐释："告子与孟子同时，其论性无善恶之分，譬之湍水，决之东则东，决之西则西。夫水无分于东西，犹人性无分于善恶也。夫告子之言，谓人之性与水同也。使性若水，可以水喻性，犹金之为金，木之为木也，人善因善，恶亦因恶。初禀天然之姿，受纯壹之质，故生而兆见，善恶可察。无分于善恶，可推移者，谓中人也，不善不恶，须教成者也。故孔子曰：'中人以上，可以语上也；中人以下，不可以语上也。'告子之以决水喻者，徒谓中人，不指极善极恶。孔子曰：'性相近也，习相远也。'夫中人之性，在所习焉。习善而为善，习恶而为恶也。至于极善极恶，非复在习。故孔子曰：'惟上智与下愚不移。'性有善不善，圣化贤教，不能复移易也。孔子，道德之祖，诸子之中最卓者也，而曰'上智下愚不移'，故知告子之言，未得实也。"（《论衡·本性》）

在王充那里，孔子关于人性学说的史料共有三条，即"性相近也，习相远也"（《论语·阳货》），"中人以上，可以语上也；中人以下，不可以语上也"（《论语·雍也》），"唯上知与下愚不移"（《论语·阳货》）。这三条史料，只有第一条是人性学说的史料，后两条则是认知方面的史料，可是王充却从人性的角度对其加以诠释。在王充看来，孔子视界中的人在人性层面是不相同的，不同的人有不同的人性。由于在人性层面人分为"上智"（"中人以上"）、"下愚"（"中人以下"）与"中人"三类，人性在道德层面则分为性善、性恶与"性无分于善恶"三种。其中，"上智"者性善，"下愚者"性恶，中人"性无分于善恶"。就是说，"上智"者、"下愚"者的人性善恶是确定的，而中人的人性善恶是不确定的。不仅如此，王充还认为，孔子心中的"上智"者性善、"下愚"者性恶不仅是先天的，而且还是永恒不变的，不会因后天的因素而改变；孔子心中的中人之性的善恶是不确定的，中人之性可以向善，也可以向恶，其最终走向善还是走向恶，主要取决于"习"与"教"等后天因素。这里，王充解读出孔子人性的类型与人性的道德指向，并未指明孔子人性的内容。

事实上，孔子的"性相近也，习相远也"，是讨论所有人的人性、普遍的人性的史料，王充却将其"缩小"为讨论部分人也即"中人"的人性的史料；孔子的"习相远"，是讨论人的后天差别的原因，王充却将其理解为讨论"中人"的人性由先天的"无分于善恶"走向后天的或善或恶的原因；孔子的"中人以上，可以语上也；中人以下，不可以语上也""惟上智与下愚不移"，是讨论认知的史料，孔子将人分为"中人以上"和"中人以下"、"上智"和"下愚"都是从认知、从智力的维度加以划分的，虽不能断定与人性无关，至少可以断定与人性没有直接的联系。再说，无论是孔子的"中人以上"和"中人以下"的划分，还是"上智"与"下愚"的划分，都是将人从智力上划分为两类，孔子虽然用了"中人"一词，却没有将人划分为"中人以上""中人"和"中人以下"三类的用意，王充将上述两条史料合并解读，却得出人可以分为"上智"（"中人以上"）、"下愚"（"中人以下"）和"中人"的结论。另外，孔子也未曾明言人性之善恶，王充却从人之"上智""下愚"和"中人"之分，引出孔子的所谓性善、性恶和"性无善恶之分"的观点。这些，无疑是以自己的性善、性恶、性有善有恶的三种人性学说来曲解孔子的人性学说。由于王充认为"孔子，道德之祖，诸子之中最卓者也",又由于王充着力发掘孔子人性学说中与己相同的东西,更由于王充是以孔子人性学说为依据来批评告子人性学说,所以王充对于孔子人性学说一方面未给予批评,反而予以肯定、赞扬,另一方面又刻意把孔子人性学说打扮成与自己同类,从而借助孔子,增强自己人性学说的权威性。

孔子后学的人性学说是指孔子弟子及二传弟子的人性学说。就目前已知资料而言,孔子弟子及二传弟子中有名者,只有虙子贱、漆雕开、世硕、公孙尼子等有明确的人性学说。其中,虙子贱、漆雕开是孔子弟子,世硕、公孙尼子是孔子的二传弟子。他们的人性学说的直接资料虽然已不存在,但是间接资料却还存在,这就是王充对他们人性学说的转述性文字:"周人世硕以为人性有善有恶,举人之善性,养而致之则善长;恶性,养而致之则恶长。如此,则情性各有阴阳,善恶在所养焉。故世子作《养性书》一篇。虙子贱、漆雕开、公孙尼子之徒,亦论情性,与世子相出入,皆言性有善有恶。"(《论衡·本性》)

不同于对孔子人性学说的过度诠释,此处王充对虙子贱、漆雕开、世硕、公孙尼子人性学说的论述更趋客观化,几乎是描述。当然,王充的描述肯定是经过筛选的,而筛选本身就有某种标准,就是一种解读,再说,王充以描述的方式介绍虙子贱、漆雕开、世硕、公孙尼子的人性学说,也许是一种"假象",其实是经过了不动声色的改造。按照王充的描述,虙子贱、漆雕开、世硕、公孙尼子的人性论都是"人性有善有恶"论，也即认为人性是同一的，所有人的人性都是一样的，在道德层面都是一致的；而就人性的道德指向来看，人性有指向善和恶两种情形，人性的道德价值是不确定的。客观地说，就其人性的同一性、所有人的人性的相同性来说，同孔子的观点一致，是对孔子人性学说的继承；就其从道德层面、从善恶维度讨论人性来说，是对孔子人性学说的发展。这也许是参透孔子关于人性内容究竟是食色（物欲）还是仁（德）的困境，试图摆脱孔子人性是善还是恶的困顿而作的创造性诠释。总而言之，宓子贱、漆雕开、世硕、公孙尼子均是在孔子"性相近"的框架下进行人性论的构思。就宓子贱、漆雕开与世硕、公孙尼子人性学说的关系而言，王充认为公孙尼子同宓子贱、漆雕开的人性学说完全相同，公孙尼子偏于传承，其人性学说应是对宓子贱，漆雕开人性学说的继承，而未能作新的阐释；世硕与宓子贱、漆雕开的人性学说在质的层面是相同的，即都承认人性"有善有恶"，所有人的人性都有善恶两面，或者说，所有人都具有善性和恶性，但是世硕偏于创新，在人性有善有恶的情形下，人之善恶转化方面不同于宓子贱、漆雕开，对于宓子贱、漆雕开之人性学说有新的发展。由于世硕认为人性有善有恶，培养、引导人性中善的一面或者说人性中的善性，则人走向善，反过来，如果培养、引导人性中恶的一面或者说人性中的恶性，则人将走向恶。这意味着，人之善恶关键不在于人性本身之善恶，因为人性是有善有恶的，而在于后天的养育。这是对孔子"习相远"的进一步发挥。据以上可以反推虙子贱、漆雕开、公孙尼子很可能在人性"有善有恶"的前提下，认为人之善恶决定于人性的善恶，而不决定于后天的养育。具体而言，极有可能是认为人性中善多恶少者善，善少恶多者恶；也有可能是认为人性虽然有善有恶，但是人性中的善恶是可以转化的，如果人性中的善不变，而恶转化为善，则人善；反之，如果人性中的恶不变，而善转化为恶，则人恶。这样，世硕强调人性善恶的先天性，人之善恶的后天性；而虙子贱、漆雕开、公孙尼子则强调人性善恶的先天性以及人之善恶的先天性。

令我们感到惊讶的是，王充对虙子贱、漆雕开、世硕、公孙尼子的人性学说未作评价，更未作批评。究其因，恐是因为王充"论人之性，定有善有恶"的观点出自虙子贱等人的"人性有善有恶"的观点，不同之处在于王充的"论人之性，定有善有恶"，意在说明不同的人有不同的"性"，有的人性善，有的人性恶，而虙子贱等人的"人性有善有恶"，则是指所有人的人性都是一样的，都有善有恶；恐是世硕的人之善恶在于"养"的观点，启发了王充人性善恶变化在于"渐染"的观点①。

---

①孔子弟子及二传弟子中无名者，也有人性学说，可惜王充未予重视，更未给予解读。就目前已知资料来看，王充一定看过的资料，主要保存于《孟子·告子上》之中。在《孟子·告子上》中，公都子对孟子说："告子曰：'性无善无不善也。'或曰：'性可以为善，可以为不善；是故文、武兴则民好善；幽、厉兴则民好暴。'或曰：'有性善，有性不善；是故以尧为君而有象，以瞽瞍为父而有舜，以纣为兄之子且以为君而有微子启、王子比干。'今曰'性善'，然则彼皆非与？"这里，告子与孟子同时，公都子知晓其人。而对于提出"性可以为善，可以为不善"者以及"有性善，有性不善"者，公都子已不知他们的姓名。真正的原因只能是，他们与孟子不同时，他们是孟子之前的儒家学者，也即孔子后学。对于"性可以为善，可以为不善"，有些学者以为就是王充所转述的世硕和虙子贱、漆雕开、公孙尼子等人的"人性有善有恶"，其实不然。"人性有善有恶"是说人性之中或者说人性本身就有善恶，其善恶是先天的，而"性可以为善，可以为不善"则是指人性之中、人性本身并无善恶，同时，人性对人之善恶并无决定性，由人性出发并不必然地走向善或恶，相反，由人性出发而走向善或恶，主要取决于外在因素，所以才有"文、武兴则民好善；幽、厉兴则民好暴"的例证。至于"有性善，有性不善"的说法，虽与本文主旨无直接关联，但与王充人性学说仍有联系，此处略作说明。这种说法的意思是人性不是同一的，不同的人有不同的"性"，从道德之维看，有的人性善，有的人性恶。王充的人性三类说，表面上好像是对世硕等人与孟子、荀子人性学说的综合创造，实际上应是对世硕等人以及"有性善，有性不善"观点的融会创新。

二、孟子、告子的人性学说

孟子的人性学说是性善论。面对孔子关于人性内容的德（仁）、色（物欲）取舍的困境，孟子作了明确取舍，认定人性的内容是"德"而不是"色"。他说："口之于味也，目之于色也，耳之于声也，鼻之于臭也，四肢之于安佚也，性也，有命焉，君子不谓性也。仁之于父子也，义之于君臣也，礼之于宾主也，知之于贤者也，圣人之于天道也，命也，有性焉，君子不谓命也。"（《孟子·尽心下》）这是假借"性""命"之辨的途径，通过所谓君子对人性内容的抉择，把"德"归为"性"的领域[①]。既然人性的内容是德，人性当然就是善的。而为了论证人性的内容是"德"，孟子提出"君子所性，仁义礼智根于心"（《孟子·尽心上》），从"心"之维证明"德"之于人的内在性。至于"仁义礼智根于心"的原因，孟子解释道："仁，人心也"（《孟子·告子上》），心本身就是由仁所构成；人之"恻隐之心""羞恶之心""恭敬之心""是非之心"等"四心"分别由仁义礼智等"四德"（参见《孟子·告子上》）或"四端"（参见《孟子·公孙丑上》）所构成。为了解答人性皆善，有的人却为恶的问题，孟子认为这是由于这些为恶的人放逐己"心"，"不能

---

① 参见陆建华：《以"心"论性与以"生"论性——孟、荀人性论的分别》，《孔孟月刊》2009年第11、12期合刊。

尽其才"（《孟子·告子上》），甚至自己伤害自己造成的。

王充对孟子人性学说作了如下解读。他说："孟子作《性善》之篇，以为人性皆善，及其不善，物乱之也。谓人生于天地，皆禀善性，长大与物交接者，放纵悖乱，不善日以生矣。若孟子之言，人幼小之时，无有不善也。微子曰：'我旧云孩子，王子不出。'纣为孩子之时，微子睹其不善之性。性恶不出众庶，长大为乱不变，故云也。羊舌食我初生之时，叔姬视之，及堂，闻其啼声而还，曰：'其声，豺狼之声也。野心无亲，非是莫灭羊舌氏。'遂不肯见。及长，祁胜为乱，食我与焉。国人杀食我，羊舌氏由是灭矣。纣之恶，在孩子之时；食我之乱，见始生之声。孩子始生，未与物接，谁令悖者？丹朱生于唐宫，商均生于虞室。唐、虞之时，可比屋而封，所与接者，必多善矣。二帝之旁，必多贤也。然而丹朱傲，商均虐，并失帝统，历世为戒。且孟子相人以眸子焉，心清而眸子瞭，心浊而眸子眊。人生目辄眊瞭，眊瞭禀之于天，不同气也，非幼小之时瞭，长大与人接，乃更眊也①。性本自然，善恶有质。孟子之言情性，未为实也。然而性善之论，亦有所缘。一岁婴儿，无争夺之心，长大之后，或渐利色，狂心悖行，由此生也。"（《论衡·本性》）

王充认为孟子的人性论是性善论，人之性善禀于天地，也即禀于天地所施之气；人之不善在于人与外物接触，受外物影响而致。这里，王充指出孟子持性善之说，是完全正确的。但是王充认为孟子是通过禀气说来证明其性善之说，则是以自己的"人禀元气于天"（《论衡·无形》）、禀气厚者性善来为孟子性善学说找寻形上之源。事实上，孟子没有关于人本于天地的思想，没有给性善之说作形上证明，孟子关于人性善之缘由是从心灵维度加以考察的。孟子由心论性，由"人之内"证明人性善，是根

---

① 孟子曾云："存乎人者，莫良于眸子，眸子不能掩其恶。胸中正，则眸子瞭焉；胸中不正，则眸子眊焉。听其言也，观其眸子，人焉廋哉。"（《孟子·离娄上》）此段话与其人性学说并无直接联系，意谓通过一个人的眼睛、眼神可以判断一个人的善恶。心术正、善，眼睛就明亮；心术不正、不善，眼睛就昏暗。王充将之概括为"孟子相人以眸子焉，心清而眸子瞭，心浊而眸子眊"，是比较准确的。不过，王充对孟子的上述理论是否定的。他认为心术是否纯正与眼睛的清澈、昏暗无关，眼睛的"眊"与"瞭"乃人生而禀气于天而然，就是说，一个人所禀之气的状况直接决定了眼睛的"眊"或"瞭"，这是以"禀气"说解释眼睛的"眊""瞭"。另外，孟子从未说人幼小之时目"瞭"、长大之后目"眊"，王充在用"禀气"说解释眼睛的"眊""瞭"根源于气之后，紧接着责难孟子曰"非幼小之时瞭，长大与人接，乃更眊也"，则是对孟子的曲解。

本不同于王充由气论性、由"人之外"证明人性的善恶状况的。王充还认为孟子通过外在因素来说明人性虽善，有的人却为恶，也是不准确的。同时，王充忽视了孟子关于人之为恶的内在因素。按照王充的理解，不为外物所乱者，性善且为善；为外物所乱者，性善却为恶。孟子其实主要是从人自身说明人之为恶的原因的，他说："仁，人心也；义，人路也。舍其路而弗由，放其心而不知求，哀哉"（《孟子·告子上》），"仁义礼智，非由外铄我也，我固有之也，弗思耳矣。故曰'求则得之，舍则失之。'或相倍蓰而无算者，不能尽其才者也"（《孟子·告子上》），都是从人自身寻找原因。区别在于，前者从人之"心"方面找寻原因，谓人放逐其心，也即放弃心中的仁义，造成人之为恶；后者从人之"性"方面找寻原因，谓人如果不顺性而行，不充分发挥人性中的仁义礼智，就会为恶。此外，孟子虽也从人之"外"解释人之为恶的原因，但是与王充的解读也是不同的。孟子说："人性之善也，犹水之就下也。人无有不善，水无有不下。今夫水，搏而跃之，可使过颡；激而行之，可使在山。是岂水之性哉？其势则然也。人之可使为不善，其性亦犹是也。"（《孟子·告子上》）这是说，水之性是向下流，顺水之性，水一定向下流，可是外在的因素（势）却逼迫水"向上"。"向上"不是水之"性"，也不是水之"性"使然，反而是违背水之性使然。与此相似，人之性指向"善"，顺着人性而行一定会走向善。可是，外在因素却迫使人为"不善"。"不善"

不是人之性，也不是人之性使然，反而是违背人性的结果。这里，孟子认为人之为恶虽是外因，但是这外因是强加于人的，不是人主动要求的。而王充将其理解为："人性皆善，及其不善，物乱之也""人生于天地，皆禀善性，长大与物交接者，放纵悖乱，不善日以生矣"，以为孟子认为外部因素是人性的"不善"的条件，人一旦被外部因素所诱惑，主动"放纵悖乱"，就会走向"恶"。

按照孟子的观点，人性善，顺性而行，必然走向善，所以他说"人无有不善"。王充由于把孟子的"人无有不善"，限制在人之"幼小"之时，所以说"若孟子之言，人幼小之时，无有不善也"，然后以纣和羊舌食我幼小时的"性恶""豺狼之声"，以丹朱、商均的生存环境在道德意义上的优越为例证，说明并非"人幼小之时，无有不善"，有的人的"性恶"是天生的，而不是外在环境所造成的。这是王充以其有的人"性恶"的思想否定孟子的性善学说。

基于"性本自然，善恶有质"，性之善恶在于所禀之气的观点，王充对孟子人性学说作了基本否定的评价："孟子之言情性，未为实也。"谓孟子人性学说不符合人性的实际情况，然后又试图从孟子的角度分析孟子性善学说思想产生的缘由："一岁婴儿，无争夺之心，长大之后，或渐利色，狂心悖行，由此生也。"这是说，孟子性善说来源于对"一岁婴儿，无争夺之心"的观察，仅仅是对"人幼小之时"的道德行为的总结；孟子认为人之为恶乃是人与外在环境相接触的产物，并且孟子把外在环境仅仅解读为"恶"的环境。其实，这与其说是为孟子性善论找寻理由，还不如说是为王充自己所理解的孟子性善论找寻理由。"一岁婴儿，无争夺之心，长大之后，或渐利色，狂心悖行，由此生也"，恰好是"孟子作《性善》之篇，以为人性皆善，及其不善，物乱之也"的"理由"。

告子是与孟子同时的儒家人物，告子的人性理论保存于《孟子·告子上》，并且是通过告子与孟子争辩的形式表达出来的。在人性的本质方面，告子提出"生之谓性"（《孟子·告子上》），认为人性是人天生的资质；在人性的内容方面，告子提出"食色，性也"（《孟子·告子上》），认为人性的内容包括食和色，也即包括生理欲望和物质欲望、情和欲，依此反对孟子的"以人性为仁义"（《孟子·告子上》）；在人性的善恶方面，告子提出"性无善无不善也"（《孟子·告子上》），否定人性在道德上的确定性，据此反对孟子的性善论。

王充解读告子人性学说曰："告子与孟子同时，其论性无善恶之分，譬之湍水，决之东则东，决之西则西。夫水无分于东西，犹人性无分于善恶也。夫告子之言，谓人之性与水同也。使性若水，可以水喻性，犹金之为金，木之为木也，人善因善，恶亦因恶。初禀天然之姿，受纯壹之质，故生而兆见，善恶可察。无分于善恶，可推移者，谓中人也，不善不恶，须教成者也。故孔子曰：'中人以上，可以语上也；中人以下，不可以语上也。'告子之以决水喻者，徒谓中人，不指极善极恶也。孔子曰：'性相近也，习相远也。'夫中人之性，在所习焉。习善而为善，习恶而为恶也。至于极善极恶，非复在习。故孔子曰：'惟上智与下愚不移。'性有善不善，圣化贤教，不能复移易也。孔子，道德之祖，诸子之中最卓者也，而曰'上智下愚不移'，故知告子之言，未得实也。夫告子之言，亦有缘也。《诗》曰：'彼姝者子，何以与之？'其传曰：'譬犹练丝，染之蓝则青，染之朱则赤。'夫决水使之东西，犹染丝令之青赤也。丹朱、商均已染于唐、虞之化矣，然而丹朱慠而商均虐者，至恶之质，不受蓝朱变也。"（《论衡·本性》）

告子言人性"无善无不善"，王充解之为人性"无善恶之分"；为了证明人性无善无不善，告子在同孟子争辩时曾以水为喻曰："性犹湍水也，决诸东方则东流，决诸西方则西流。人性之无分于善不善也，犹水之无分于东西也"（《孟子·告子上》），王充转述告子的上述文字曰："譬之湍水，决之东则东，决之西则西。夫水无分于东西，犹人性无分于善恶也"。这些，是合乎告子原意的。关键是对告子的以水喻性，王充是否定的，所以他在转述告子以水喻性的文字后，便评论道："使性若水，可以水喻性，犹金之为金，木之为木也。"王充的意思是，水和人性如果是完全相同的存在，或者说是同种同类的存在，才可以水喻性，否则，这种类比就难以成立。

在王充看来，人性禀于元气，善恶由禀气而定，由禀气厚薄而有性善（极善）、性恶（极恶）和不善不恶之性三者的区分；极善、极恶之性，也即性善、性恶是固定不变的，因此，非后天的"习"和"教"所能改变的，相反，不善不恶之性则是可变的，其变化决定于后天的"习"和"教"，由"习"和"教"的不同而走向善或恶。据此考察告子性无善无不善，王充认为告子不懂得不同的人有不同的性，其所言人性仅是中人之性；其所谈人性无善无不善，仅是讨论中人之性的状况；其所论人性善恶的可变化，也仅是论述中人之性的善恶的可变性。对于善人与恶人、圣人与小人、"中人以上"者与"中人以下"者的人性及其道德取向，告子未曾涉及。因此，告子的人性学说是不全面的，甚至是错误的。

不过，王充虽认为告子的人性学说是不全面的，乃至错误的，但是还是为告子人性学说寻找"理由"，而这种"理由"，也可以说是告子人性学说的理论渊源，或者说理论根据："《诗》曰：'彼姝者子，何以与之？'其传曰：'譬犹练丝，染之蓝则青，染之朱则赤。'夫决水使之东西，犹染丝令之青赤也。"这是说，《诗经·于旄》云"彼姝者子，何以与之"，儒家解之曰"譬犹练丝，染之蓝则青，染之朱则赤"，告子受其启发，而建构其人性学说。具体言之，即是说，练丝本无青、赤之色，其成为青色或赤色在于外在因素"染"，告子由此联想到水的流动本无一定的方向，其向东流或向西流在于外在因素"决"，进一步，告子又由水的流动本无一定方向，其向东流或向西流在于外在因素"决"，联想到人性本无善无不善，其向善或向恶也在于外在因素。

三、荀子的人性学说

　　荀子在孟子之后，其人性理论与孟子正相反对。孟子言性善，荀子言性恶，还从性恶之维批评孟子性善之说。荀子认为人性属"生之所以然者"（《荀子·正名》），也即人的先天本性、自然资质；人性的内容主要是情欲，他说："性之好恶喜怒哀乐谓之情"，"情者，性之质也；欲者，情之应也"（《荀子·正名》），表达的即是此意。由于"今人之性，生而有好利焉，顺是，故争夺生而辞让亡焉；生而有疾恶焉，顺是，故残贼生而忠信亡焉；生而有耳目之欲，有好声色焉，顺是，故淫乱生而礼义文理亡焉。然则从人之性，顺人之情，必出于争夺，合于犯分乱理而归于暴"（《荀子·性恶》），人性的实践、欲望的满足妨碍他人、扰乱纲常，致使社会纷乱，荀子得出性"恶"的结论。人性恶，如何成就善？荀子提出"人之性恶，其善者伪也"（《荀子·性恶》），认为人之善乃是后天人为的结果，出于圣人的"化性而起伪"（《荀子·性恶》），也即出于圣人的教化。据此，荀子批评孟子"性善"说是"不及知人之性，而不察乎人之性伪之分"（《荀子·性恶》），误把后天的"伪"当作先天的性。

　　王充论荀子人性学说曰："孙卿有反孟子，作《性恶》之篇，以为'人性恶，其善者，伪也'。性恶者，以为人生皆得恶性也；伪者，长大之后，勉使为善也。若孙卿之言，人幼小无有善也。稷为儿，以种树为戏；孔子能行，以俎豆为弄。石生而坚，兰生而香。生禀善气，长大就成，故种树之戏，为唐司马；俎豆之弄，为周圣师。禀兰石之性，故有坚香之验。夫孙卿之言，未为得实。然而性恶之言，有缘也。一岁婴儿，无推让之心，见食，号欲食之，睹好，啼欲玩之。长大之后，禁情割欲，勉厉为善矣。"（《论衡·本性》）

王充认为荀子的人性论是性恶论，荀子的性恶论是针对孟子的性善论而阐发的，荀子人性论的一个重要目的就是批评孟子的性善论，这是符合事实的。关于荀子人性的内容，王充虽未明言，但是其探究荀子性恶论产生的根源时说："然而性恶之言，有缘也。一岁之婴儿，无推让之心，见食，号欲食之；睹好，啼欲玩之。长大之后，禁情割欲，勉厉为善矣"，还是透露了其对荀子提出的人性内容的理解，那就是荀子人性主要指人之"情"和"欲"。这种解读，是精确的。荀子提出性恶，必然要解答人为何"善"的问题，就像孟子提出性善，必然要解答人为何"恶"的问题。为此，荀子在《性恶》中开头就提出"人之性恶，其善者伪也"的论断，指出人性虽恶，但是人可以通过后天的努力走向"善"；王充将其转述为"人性恶，其善者，伪也"，是准确的。荀子认为人性是同一的，所有人的"性"是相同的，虽然人的后天的差别是多样的。他说："凡人之性者，尧、舜之与桀、跖，其性一也；君子与小人，其性一也"（《荀子·性恶》），王充概括之曰："性恶者，以为人生皆得恶性也"，谓荀子认为所有人的人性是相同的，并且都是性恶，这也是准确的。"伪"是荀子人性理论中最为独特的范畴，是其解答人之向善、批评孟子性善的最有力的武器。那么，何谓"伪"？荀子解释道："可学而能，可事而成之在人者，谓之伪（《荀子·性恶》）；"伪者，文理隆盛也"（《荀子·礼论》），点明"伪"乃人为，与"性"相比乃后天的存在。王充注意到"伪"在荀子人性理论中的独特价值，特意解读曰："伪者，长大之后，勉使为善也"，指明"伪"的人为性、后天性，"伪"的目标是"善"。这些，都是准确的。但是荀子之"伪"，并未限定在"长大之后"，应指人"出生之后"，也即应包括人之"幼小"之时，王充将荀子之"伪"限定在"长大之后"，并不准确。不过，荀子之"伪"需要人之主动、自觉，王充恐是以为此主动、自觉非孩童所能为、所愿为，所以才给荀子之"伪"在年龄上"设限"的。由于认为荀子"性恶"出于天生，荀子之"伪"在"长大之后"，王充得出结论："若孙卿之言，人幼小无有善也。"这个结论明显是错误的。因为在荀子那里，人之"伪"没有年龄限制，相应的，人之"善"也就没有年龄限制，可以在"幼小"之时，也可以在"长大之后"。

在判定"若孙卿之言，人幼小无有善也"之后，王充作出批评："稷为儿，以种树为戏；孔子能行，以俎豆为弄。石生而坚，兰生而香。生禀善气，长大就成，故种树之戏，为唐司马；俎豆之弄，为周圣师。禀兰石之性，故有坚香之验。夫孙卿之言，未为得实。"此是说，人禀气"厚"而有善性，因性善而生而为善，这种生而为善贯穿于生命的始终，例如稷和孔子即是。这如同石性"坚"而兰性"香"，因而石必"坚"而兰必"香"。这是以禀气说，批评荀子的性恶论。

在判定荀子性恶论是错误的之后，王充探究了荀子性恶论产生的根源："然而性恶之言，有缘也。一岁婴儿，无推让之心，见食，号欲食之，睹好，啼欲玩之。长大之后，禁情割欲，勉厉为善矣。"这是说，荀子看到人年幼之时没有道德感，为情欲所驱使，表现出自私自利，从而以情欲为性，以性为恶；看到人长大之后，自觉克制情欲，遵守道德，努力向善而行，从而提出由"伪"而"善"。问题是，王充在解释孟子性善论之由来时曾说："然而性善之论，亦有所缘。一岁婴儿，无争夺之心，长大之后，或渐利色，狂心悖行，由此生也。"那么，"一岁婴儿"究竟是"无争夺之心"，还是"无推让之心"？抑或既"无争夺之心"，又"无推让之心"，孟子和荀子各看到一个方面？王充在此陷入困境。

四、汉代的人性学说

关于汉代人性学说，王充主要研究了陆贾、董仲舒、刘向三人的人性学说，而对扬雄却一语带过，不能说不是遗憾。因为董仲舒和扬雄乃汉代儒家最著名的代表性人物。同时，董仲舒和扬雄的人性学说不仅在汉代，而且在整个古代都具有代表性。相较于对先秦儒家人物的敬重，王充对汉代的儒家人物比较轻视。这突出表现在王充对孔子人性学说的肯认，对世硕、宓子贱、漆雕开、公孙尼子人性学说的客观叙述，对孟子、告子、荀子人性学说虽给予批评，但还谓其人性学说有"缘"，试图找寻其人性学说的来源，或者说找寻其错误的缘由，富有"同情心"；而对陆贾、董仲舒、刘向人性学说只有批评。

从今存《新语》看陆贾思想，陆贾并没有系统的人性学说。由其"所以能统物通变，治情性，显仁义也"（《新语·道基》），以及"而情得以利，而性得以治"（《新语·慎微》）等语来看，其所谓人性应指人的自然本性，与人之"情"关系密切，甚或即是"情"。因此，陆贾才强调"治"性、"治"情，对性加以约束。此与荀子人性学说相似。

王充讨论陆贾人性学说曰："陆贾曰：'天地生人也，以礼义之性。人能察己所以受命则顺，顺之谓道。'夫陆贾知人礼义为性，人亦能察己所以受命。性善者，不待察而自善。性恶者，虽能察之，犹背礼畔义。义挹于善，不能为也。故贪者能言廉，乱者能言治。盗跖非人之窃也，庄蹻刺人之滥也，明能察己，口能论贤，性恶不为，何益于善？陆贾之言，未能得实。"（《论衡·本性》）

王充对陆贾《新语》中所言及的人性学说，只字未提，也许在王充看来，陆贾《新语》中的人性学说的主要观点出于荀子人性学说，没有新意，不足以代表陆贾的人性学说，其所引的"天地生人也，以礼义之性，人能察己所以受命则顺，顺之谓道"，才真正代表陆贾的人性学说。虽然此语不见于《新语》，但这是陆贾的文字应无疑问。因为王充《本性》篇所引关于孔子、荀子的文字，均见于《论语》《荀子》，并未歪曲，更未捏造，其所引陆贾文字当亦真实。由王充所引陆贾文字来看，陆贾认为天地是人的本原，同时也是人性的本原，天地生人，同时赋予其人性，人性的内容是礼义；人有认识人性及其根源的能力，并因认识人性及其根源而自觉地顺性而为，遵从礼义；礼义存于内则为性，发显于外则为道，道即礼义之道。陆贾的这种观点与孟子性善论相似，区别仅在于孟子把人性落实于人"心"，认定"心"是人性也即仁义礼智之源头，而陆贾把人性归结到天地，认定天地是人性也即礼义之根源。对陆贾的"天地生人也，以礼义之性。人能察己所以受命则顺，顺之谓道"，王充挑拣出"以礼义之性""人能察己所以受命"，概括为"夫陆贾知人礼义为性，人亦能察己所以受命"，谓陆贾以礼义为人性内容，陆贾之性为礼义之性；陆贾认为人有认识礼义之性及其根据的能力。这些，都是非常准确的。

对陆贾的人性学说，王充是否定的。王充的意思是，人性有善恶，人之善恶决定于人性之善恶，也就是说，不仅人性之善恶是先天的，人之善恶也是先天的，如此，性善者顺性而行，其行为自然善，无须认识人性、认识礼义，尔后勉力为之；性恶者即便认识人性、认识礼义，也不愿以礼义为规矩、逆性而为，其顺性而行，行为也是恶。在此，王充表面上仅否定陆贾人之"善"取决于人之后天努力的观点，实质上还否定陆贾仅言性善，而未言及性恶的缺憾。

在儒学史上，董仲舒乃开风气的人物，其人性学说对后世儒家人性学说的影响几乎是决定性的。在董仲舒看来，没有抽象的统一的人性，不同类型的人有不同的"性"。人有上、中、下三等，也即圣人、中民和斗筲之人三等，相应的，人性就有上等人之性、中等人之性和下等人之性，也即圣人之性、中民之性和斗筲之性。由于董仲舒真正关注的是中民之性，而非圣人之性和斗筲之性，他对圣人之性和斗筲之性并没有展开论述，仅对中民之性有详尽的论述。董仲舒认为"人之情性有由天者也"（《春秋繁露·为人者天》），中民之性乃民之自然之资质，来自"天"，而且中民之性，性中有情，"有善质而未能善"（《春秋繁露·深察名号》），需要王者的教化①。由中民之性，性中有情，且包括"贪仁之性"（《春秋繁露·深察名号》），似可推论圣人之性，性中无情，乃"仁"之性；斗筲之性，性中仅是情，乃"贪"之性。这样，圣人之性善，而斗筲之性恶。

①参见陆建华：《"中民之性"：论董仲舒的人性学说》，《哲学研究》2010年第10期。

王充论董仲舒人性学说曰："董仲舒览孙、孟之书，作情性之说曰：'天之大经，一阴一阳；人之大经，一情一性。性生于阳，情生于阴。阴气鄙，阳气仁。曰性善者，是见其阳也，谓恶者，是见其阴者也。'若仲舒之言，谓孟子见其阳，孙卿见其阴也。处二家各有见，可也；不处人情性有善有恶，未也。夫人情性同生于阴阳，其生于阴阳，有渥有泊。玉生于石，有纯有驳，情性生于阴阳，安能纯善？仲舒之言，未能得实。"（《论衡·本性》）

从上可以看出，王充对董仲舒《春秋繁露》中的人性学说未予评述，而是引用了不见于《春秋繁露》中的"天之大经，一阴一阳；人之大经，一情一性。性生于阳，情生于阴。阴气鄙，阳气仁。曰性善者，是见其阳也，谓恶者，是见其阴者也"，加以评述。王充所引董仲舒的上述文字大体同于《春秋繁露·深察名号》中所云："天两有阴阳之施，身亦两有贪仁之性"；"身之有性情也，若天之有阴阳也。言人之质而无其情，犹言天之阳而无其阴也"；"天地之所生，谓之性情。性情相与为一瞑，情亦性也"。从王充所引的文字来看，董仲舒认为天由阴阳二气所构成，人由性情所构成；天为人之祖，由天之阴阳二气而生出人之性和情；由阴气鄙劣而有情之恶，由阳气之仁而有性之善。由此出发，董仲舒还评价性善论者和性恶论者，认为性善论者只知天之阳而不知天之阴，只知性而不知情，性恶论者只知天之阴而不知天之阳，只知情而不知性，且以情为性。由此可以看出，董仲舒分人性为性善、性恶和性有善有恶三种，其中，性有善有恶之"性"包含"情"，这与其在《春秋繁露》中分人性为圣人之性、中民之性和斗筲之性三者相一致，也与其中民之"性"包含"情"的观点相一致；由此还可以看出，董仲舒所谓的人性主要指性有善有恶者，也即主要指《春秋繁露》中的"中民之性"。至于上述引文对性善论的批评，与《春秋繁露》明显不同，在《春秋繁露》中，董仲舒批评孟子的性善论，不是客观的评价，他认为"孟子所言的善是从人禽之辨、人兽之别的维度论说的，是'善于禽兽'之善，而非儒家圣人所言的善……孟子性善论的错误就在于以人之下的禽兽为参照物来判定人性"①。此外，《春秋繁露》没有直接评价或批评性恶论的文字。

在王充看来，董仲舒谓"性善者，是见其阳也；谓恶者，是见其阴者也"，实际上就是"谓孟子见其阳，孙卿见其阴也"，是对孟子、荀子人性论的评价。这种解读是准确的。因为孟子和荀子分别是性善论和性恶论的创立者和代表者。王充认为董仲舒从自己的人性学说出发，对孟子、荀子人性论的评价、分析，看到了孟子、荀子分别提出性善与性恶的缘由，但是不知人之情性同生于阴阳二气，均有善恶之分，具体而言，情性禀受阴阳二气"渥"（厚），则善；禀受阴阳二气"泊"（薄），则恶；禀受阴阳二气在厚薄之间，则有善有恶。这里，王充以其"情性同

① 陆建华：《"中民之性"：论董仲舒的人性学说》，《哲学研究》2010年第10期，第49页。

生于阴阳"，否定董仲舒的"性生于阳，情生于阴"；以其"情性有善有恶"，否定董仲舒的性善情恶。

刘向的主要著作有《新序》《说苑》等。《新序》乃采集舜禹以至汉代的故事，分类编排而成的一部书，其材料来源，均出自前人著述；《说苑》乃按类编辑先秦至西汉的一些历史故事与传说而成，夹有作者的议论。刘向认为性指事物的本性或者说天性，例如，他说："山川汙泽，陵陆邱阜，五土之宜，圣王就其势，因其便，不失其性。"（《说苑·辨物》）与此相应，人性即是人的本性或者说天性。关于人性善恶，刘向一方面说"人之善恶，非性也，感于物而后动"（《说苑·修文》），认为人性本身无善恶之分，而人之善恶乃是与外在世界相接触的产物，另一方面又说"善材之幼者，必勤于学问，以修其性"（《说苑·建本》），"学者，所以反情治性尽才者也"（《说苑·建本》），认为人性恶，人之向善是后天人为也即修性、"治性"的结果；"凡人之性，莫不欲善其德，然而不能为善德者，利败之也"（《说苑·贵德》），认为人性善，人之为恶是由于欲望、私利的原因。

王充论述刘向人性学说曰："刘子政曰：'性，生而然者也，在于身而不发。情，接于物而然者也，出形于外。形外则谓之阳，不发者则谓之阴。'夫子政之言，谓性在身而不发。情接于物，形出于外，故谓之阳；性不发，不与物接，故谓之阴。夫如子政之言，乃谓情为阳，性为阴也。不据本所生起，苟以形出与不发见定阴阳也。必以形出为阳，性亦与物接，造次必于是，颠沛必于是。恻隐不忍，仁之气也。卑谦辞让，性之发也。有与接会，故恻隐卑谦，形出于外。谓性在内不与物接，恐非其实。不论性之善恶，徒议外内阴阳，理难以知。且从子政之言，以性为阴，情为阳，夫人禀性，竟有善恶不也。"（《论衡·本性》）此外，王充还载刘向批评荀子人性学说的文字："如此，则天无气也，阴阳善恶不相当，则人之为善安从生。"（《论衡·本性》）

从王充所引刘向"性，生而然者也，在于身而不发。情，接于物而然者也，出形于外。形外则谓之阳，不发者则谓之阴"来看，刘向认为人性是人天生的自然资质，内在于人而不显露于外；情是人与外在世界发生联系的产物，显露于人之外；性因不显露于外而具有"阴"的性质，情因发显于外而具有"阳"的性质。从刘向批评荀子人性学说的文字"如此，则天无气也，阴阳善恶不相当，则人之为善安从生"来看，刘向认为天有阴阳，人性有善恶，人之为善缘于人性之"善"。由于刘向将天之阴阳与人性善恶并提，似乎有以天为人之本、以天之阴阳二气为人性善恶之源的意味。如果是这样，其释天为气、以天为人之本的思想，则同于王充气禀说。细想王充引用刘向批评荀子人性学说的文字，也应说明刘向的观点同于王充的气禀说，否则王充是不会引用刘向的观点的。

不过，王充忽略了刘向人性学说的丰富内容，只认为其所引的"性，生而然者也，在于身而不发。情，接于物而然者也，出形于外。形外则谓之阳，不发者则谓之阴"，才是刘向人性学说的主要内容。王充把这段文字解读为："夫子政之言，谓性在身而不发。情接于物，形出于外，故谓之阳；性不发，不与物接，故谓之阴。夫如子政之言，乃谓情为阳，性为阴也。"这种解读是准确的，是符合刘向原意的。但是王充对刘向的上述人性学说是否定的。在王充看来，人之性、情均生于阴阳二气，阴阳二气乃性、情之"本"。刘向离开这些，以为人性"在于身而不发"、情"出形于外"，然后又以"形出与不发见"为标准判定人之性"阴"而情"阳"，是不知性情之本、性情之源。退而言之，即使以"形出与不发见"为标准判定人之性情之阴阳，性也是"阳"。因为性也通过与外在世界的联系而体现出来。例如，人之"恻隐不忍""卑谦辞让"都是人性的显现。因此，刘向认为"性在内不与物接"乃是错误的。再说，人性问题属道德问题，离开人性善恶的讨论而议论性情的"外内阴阳"已远离人性问题的主旨。概言之，王充认为刘向的人性学说未及人性之本以及人性之善恶，既疏离人性之本，也疏离人性主题；刘向人性学说即便仅言及性情之"外内阴阳"也是错误的，因为性情均由阴阳二气生发出来，性既存于人之内，又发显于人与外物的联系中。

五、对儒家人性学说的总体评价

在详细讨论了从先秦至汉代儒家代表人物的人性学说

之后，王充对先秦至汉代儒家人性学说作了总的评价。他说："自孟子以下至刘子政，鸿儒博生，闻见多矣。然而论情性，竟无定是。唯世硕、公孙尼子之徒，颇得其正。由此言之，事易知，道难论也。鄦文茂记，繁如荣华，恢谐剧谈，甘如饴蜜，未必得实。实者人性有善有恶，犹人才有高有下也。高不可下，下不可高。谓性无善恶，是谓人才无高下也。禀性受命，同一实也。命有贵贱，性有善恶。谓性无善恶，是谓人命无贵贱也。九州田土之性，善恶不均，故有黄赤黑之别，上中下之差。水潦不同，故有清浊之流，东西南北之趋。人禀天地之性，怀五常之气，或仁或义，性术乖也。动作趋翔，或重或轻，性识诡也。面色或白或黑，身形或长或短，至老极死，不可变易，天性然也。皆知水土物器形性不同，而莫知善恶禀之异也。余固以孟轲言人性善者，中人以上者也；孙卿言人性恶者，中人以下者也；扬雄言人性善恶混者，中人也。若反经合道，则可以为教。尽性之理，则未也。"（《论衡·本性》）

王充认为儒家人性学说虽然丰富多彩，每一个代表性人物都有其独具特色的人性学说，但是只有世硕和公孙尼子、虙子贱、漆雕开之类孔子弟子及二传弟子的人性学说相对正确，从孟子、告子到刘向，其人性学说均是错误的。至于儒家创始人孔子的人性学说，王充没有单独论述，所以此处也未加评论。然而，从孔子人性学说未被单独论述，反而被用于批评告子人性学说，可知其人性学说在王充心中是完全正确的。另外，王充对孔子弟子及二传弟子的人性学说都是肯定的，其对孔子本人的人性学说当然应该是赞同的。再说，从其利用孔子人性学说批评告子的具体表述来看，对孔子人性学说也确实是肯认的。至于从孟子、告子到刘向的人性学说均是错误的原因，王充的理解是，这些人关于人性的论述虽然文字华美、内容丰富，但是都局限于表面的现象、片面的经验事实，准确地说，都被表面的现象、片面的经验事实所遮蔽，而未及人性的本质。本质上看，"人性有善有恶"，有的人性善，有的人性恶，而且人的性善、性恶是不可改变的，就如同人之"才"有高有低，其高低是不变的；人之"受命"，"命"有贵有贱，其贵贱是不变的。再说，田地的土质有好有坏，从而有颜色上的黄赤黑之别、土质上的上中下之等级；水源不同，从而有水之清浊之别、流向上的东西南北之异；人道德取向上有仁义之别，动作上有快慢之别，面色上有白黑之别，身形上有长短之别，这些都是禀气使然，与此相应，人性当然有善恶分别，而且人性之善恶当然也是禀气使然。这里，王充借批评孟子、告子等人性学说之机，再次重申自己的人性学说。

据此回过头来看孟子以来的儒家人性学说，王充认为孟子、荀子、扬雄等的人性学说都是片面的，都是以片面代替全部，因而是错误的。例如，孟子倡导人性善，是把中人以上者的人性当作所有人的人性；荀子主张人性恶，是把中人以下者的人性当作所有人的人性；扬雄提出人性善恶混，是把中等人的人性当作所有人的人性。这些人，既把人性看作普遍的，又把人性的道德取向看作同一的，混淆了人性的普遍性和人性道德取向的特殊性，错把"部分人"的人性的道德取向看作所有人的人性的道德取向。但是王充又认为孟子、荀子、扬雄等人性学说在理论上虽是片面的、错误的，却包含着道德教化的功用，具有实际的社会价值。当然，正因为孟子、荀子、扬雄等的人性学说有着现实的社会价值，才使得他们的人性学说得以被承认、得以流行，从而被误以为是合理的乃至正确的人性学说。这里值得注意的是，王充列举孟子、荀子、扬雄作为批判对象，尤其是在没有详细论述扬雄人性学说的情形下列举扬雄作为批判对象，而没有列举董仲舒作为批判对象，深层的原因恐怕是王充的人性学说与董仲舒的人性学说有太多的相似之处，在此不便作概括式批判，而陆贾、刘向的人性学说又不具有代表性。无奈之下，在汉代诸儒中只得选择一个具有代表性的人物扬雄作为批判对象。

如何评价王充在《论衡·本性》中对儒家人性学说的研究和批评？徐复观先生和牟宗三先生的观点颇具代表性①。徐复观先生认为："《本性篇》是王充对前人的性

① 中国汉代哲学研究领域的大家金春峰先生在其《汉代思想史》（中国社会科学出版社2006年出版）中未言及王充的人性学说以及王充对儒家人性学说的解读，周桂钿先生在其《秦汉思想史》（河北人民出版社2000年出版）中也未言及王充的人性学说以及王充对儒家人性学说的解读。

论，作有系统的批评；并把自己的性论，作有系统的陈述的一篇文字，也是《论衡》中较平实，较有意义的一篇文字。他对各家性论，在批评中并不一概加以抹煞，而认为'亦有所缘'；即系承认各人所根据的事实，而认定其局部的妥当性，这是很合于批评原则的。"①牟宗三先生认为：王充"对于以往诸家之说法多不能尽其意，其批评亦多无谓之批评，而对于不属于'用气为性'一路之孟子尤其不能解"②。笔者以为徐先生的评价是公允的，肯定了王充研究和批评儒家人性学说的客观性，同情地理解王充立足于自己的哲学立场而对儒家人性学说所作的批评；牟先生的评价则较为主观，以为王充不甚理解儒家人性学说而妄加评说，这未免冤枉了王充。其实，儒家各个人物的人性学说究竟如何，恐怕只有他们自己最清楚，包括其他儒家人物在内的任何人的评价总是带有主观性，如果仅仅因为这种主观性，就认为是"无谓之批评""不能解"，那么，牟先生对王充的批评未必就确当。

（原载《孔孟学报》第91期，有改动）

---

① 徐复观：《两汉思想史》第二卷，华东师范大学出版社2001年出版，第390—391页。

② 牟宗三：《才性与玄理》，广西师范大学出版社2006年出版，第22页。

后记

　　本书是我承担的2019年度安徽省哲学社会科学规划项目"先秦儒家的人性世界——对'性朴论'的反思"（项目批准号：AHSKY2019D108）的最终成果。

　　之所以要研究先秦儒家的人性世界，源于学兄周炽成先生对于荀子"性朴论"的论述所引起的学术界的关注和争论。我觉得周先生关于荀子"性朴论"的论述，深化了荀子乃至儒家人性论的研究，具有重要的学术价值，但是也有其明显的缺点。基于此，我写了一篇商榷性的论文，对周先生及其观点的拥护者林桂榛先生提出批评。在此基础上，我决定写这么一本关于先秦儒家人性世界的书，系统表达我在周先生的启发下，对于先秦儒家人性论的理解。

　　在写《性善与性恶：孟子的两种人性论》时，我意识到孟子的性善论看似是针对所有人的人性而言的，实际上只是针对君子的人性而言的。此文的写作受到了强中华先生的大作《孟子的人性善恶混论》（《齐鲁学刊》2020年第6期）的启发，这是需要说明的。

　　最近两三年，研究荀子人性论、孟子人性论方面的论文多了起来，有的观点也很新，但是要想有周先生荀子"性朴论"那样持久而深远的影响，是不可能的。因为这些看似很新的观点有的缺乏根基，没有弄明白孟子和荀子人性论的真谛。这也提醒我，做学问真的要踏实一些，不要急于表达新观点，要先把最基本的文献看明白。

　　此书的出版得到了安徽师范大学出版社总编辑戴兆国先生、责任编辑陈贻云女士的帮助，谨致谢意。

写于2023年1月9日